Teamarbeit

an Word 2010, 2013 und 2016

Ina Koys

kurz & knackig, Band 10

Inhalt

0 Was in diesem Heft erklärt wird 1

1 Wiederverwendbare Inhalte 2

1.1 Formatvorlagen 2

1.2 Schnellbausteine 17

1.3 Felder 21

1.4 Kopf- und Fußzeilen 24

2 Eingabebeschränkungen 30

2.1 Formatierungen einschränken 30

2.2 Nur bestimmte Bereiche freigeben 36

3 Änderungsverfolgung 39

3.1 Vorsorglich 40

3.2 Hinterher 46

4 Tipps zum Layout 52

4.1 Textfluss 52

4.2 Tabellen 55

4.3 Abschnitte 56

5 Inhaltsverzeichnis 59

6 Weiterführendes 64

0 Was in diesem Heft erklärt wird

Gerade wenn umfangreiche Schriftstücke erstellt werden, sind diese häufig das Produkt von Teamarbeit. Dabei kommt es dann nicht nur auf den fachlichen Anteil an – das Ergebnis muss auch einheitlich aussehen und die vorgenommenen Änderungen nachverfolgbar sein. Gelegentlich kommen noch Layoutspezifika hinzu, die Speziallösungen erfordern. In diesem Heft bekommen Sie das Rüstzeug zum ultimativen Überblick auch dann, wenn die Frist mal wieder viel zu knapp ist.

Alle Screenshots wurden aus der Version 2016 angefertigt. Wenn Sie die Beispieldateien herunterladen wollen, können Sie das tun unter

www.kurzundknackig.online

Dann also viel Spaß beim Zusammenführen der Fäden bei der Teamarbeit!

1 Wiederverwendbare Inhalte

Einer der Schlüssel zu effizienter Arbeit ist das Bausteinsystem. Ein fertig eingerichteter Bausteinkasten stellt sicher, dass Entscheidungen gleichmäßig getroffen werden und niemand hinterher kontrollieren muss, ob auch jedes Detail stimmt – die Inhalte werden immer automatisch korrekt sein. In diesem Kapitel geht es zunächst um die Bausteine selbst. Wie und wo sie verwendet werden können, wird in den kommenden Kapiteln besprochen.

1.1 Formatvorlagen

Formatvorlagen bestimmen die Art, wie Text dargestellt wird. Sie sollten der Dreh- und Angelpunkt jedes halbwegs professionellen Schriftstücks sein – und führen doch noch immer ein Schattendasein.

Selbst wenn Sie das Wort „Formatvorlage“ soeben zum ersten Mal gehört haben, haben Sie zumindest eine schon unzählige Male verwendet: die Formatvorlage **Standard**. Diese Formatvorlage ist immer in einem neuen leeren Word-Dokument aktiv, so lange Sie noch keine andere ausgewählt haben. Microsoft liefert in dieser Vorlage aktuell die Schriftart Calibri 11 Punkt Schriftgröße aus, um nur die wichtigsten Merkmale zu nennen. Vielleicht gilt diese Einstellung auch noch bei Ihnen, vielleicht wurde sie schon angepasst. Um das zu testen, können Sie bei geöffnetem Word **STRG + N** drücken. Sie erhalten damit ein leeres

Dokument mit den momentan für Sie geltenden Standardeinstellungen.

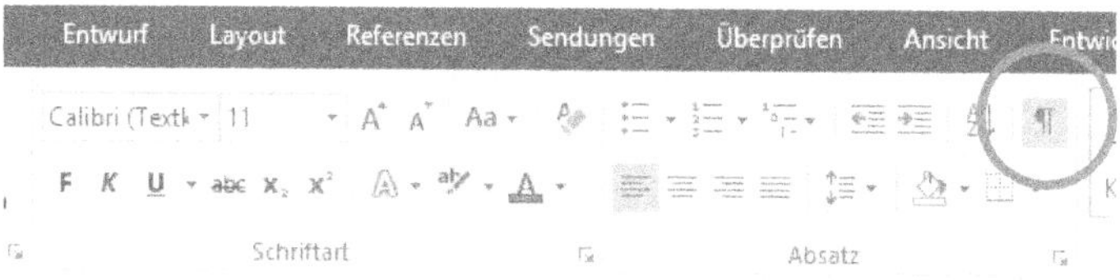

Abgesehen davon, dass in meinem Fall Calibri, 11 Punkt und linksbündiger Schriftsatz eingestellt ist, sehen Sie auch rechts das **Alineazeichen** aktiv. Dieses Zeichen sorgt dafür, dass die nicht druckbaren Eingaben wie z.B. Drücke auf die Leer-, Enter- und Tabulatortaste dargestellt werden. Ohne diese Informationen werden Sie nicht professionell arbeiten können – schon gar nicht, wenn Sie auch die Eingaben anderer Nutzer zu bearbeiten haben. Microsoft blendet diese Zeichen leider standardmäßig aus. Sie sollten das mit einem Mausklick auf das Symbol ändern. In diesem Heft werden Sie alle Darstellungen jeweils mit der Anzeige dieser nicht druckbaren Zeichen sehen.

Kommen wir also zurück zur Standardvorlage. Vermutlich kennen Sie diverse Möglichkeiten jetzt z.B. Text zu markieren um Schriftart, -größe oder -farbe zu verändern. Diese Möglichkeiten sind für kurze, einzelne und nur von einem Bearbeiter zu erstellende Dokumente sicher verwendbar, für mehrseitige Schriftstücke und vor allem mehreren Bearbeitern muss professionell gearbeitet werden, damit auch das Ergebnis professionell ausfällt. Sorgen Sie also zunächst dafür, dass jeder, der Eingaben in diesem Dokument vornimmt, das automatisch mit dem gewünschten Schriftbild tut – unabhängig davon, ob die Vorgaben überhaupt im Detail bekannt sind.

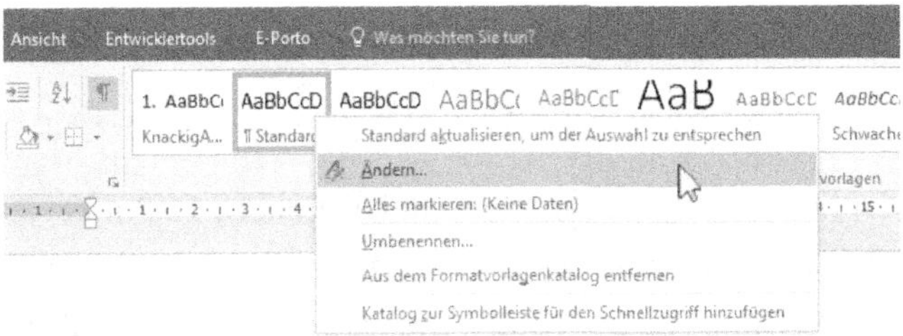

Im rechten Bereich der Registerkarte **Start** finden Sie diverse Formatvorlagen. Klicken Sie mit der rechten Maustaste auf **Standard** und wählen Sie **Ändern...**.

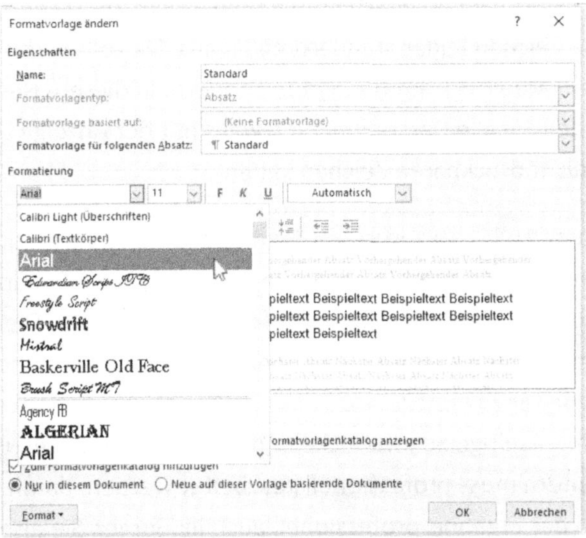

In dem sich öffnenden Fenster können Sie alle gewünschten Formatierungen hinterlegen. Die gängigsten werden Ihnen sofort auf der Oberfläche angeboten, weitere sind etwas versteckter untergebracht. Ändern Sie zunächst offensichtliche Einstellungen wie z.B. die Schriftfarbe über das **Automatisch**-Dropdown, damit Sie den Effekt sehen, sobald das Dokument Text enthält. Klicken Sie dann **OK**.

Greifen wir jetzt zu einem kleinen Taschenspielertrick, damit wir genügend Masse für die kommenden Beispiele haben. Schreiben Sie in Ihr noch völlig leeres Blatt genau folgenden Text ohne Leerzeichen

=rand(15,6)

und drücken Sie danach die **Enter**-Taste. Sie bekommen daraufhin 15 Absätze mit je 6 Sätzen aus der Word-Hilfe in Ihr Dokument geschrieben. Das sollten in Etwa 3 A4-Seiten Text sein, den wir ab jetzt als vollkommen seriösen Fachtext behandeln. Varianten der Zahlen würden Ihnen auch entsprechend andere Anzahlen von Absätzen und Sätzen liefern. Auf jeden Fall sollte der Text durchgehend die von Ihnen eingestellte Textformatierung haben.

Sehr wahrscheinlich wird Ihnen auch auffallen, dass die Zeilen einen anderen Abstand zu einander haben als die Absätze untereinander. Dieser Effekt ist meist gewünscht, wird aber häufig nicht verstanden. Nervig ist das dann, wenn z.B. ein Adressblock händisch geschrieben wird und dann die Einträge zu weit auseinander stehen. Das lässt sich zwar ändern, aber auch Microsoft hat schon eine Formatvorlage mitgeliefert, die das Phänomen abschaltet: neben der Standardvorlage wird eine Schaltfläche **Kein Leerraum** angeboten, die die weiten Abstände eng setzt. Sofern Sie die Textfarbe der Standard-Formatvorlage geändert haben, hat **Kein Leerraum** diese Farbe geerbt.

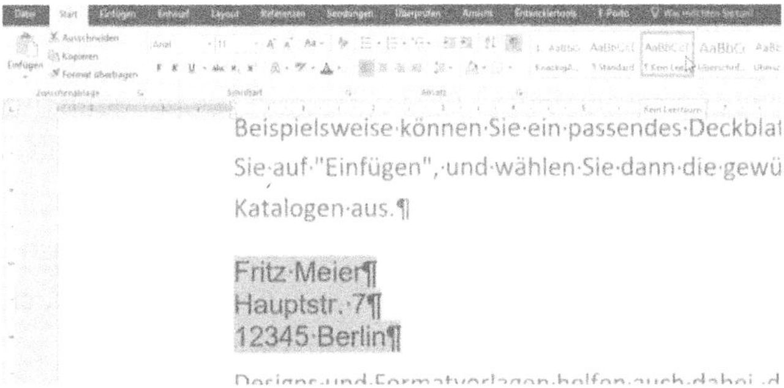

Streichen Sie dann auch ruhig mit der Maus über die verschiedenen weiteren Schaltflächen. Mehr oder weniger deutlich wird sich der aktuell markierte Text optisch ändern. Alle diese Vorlagen werden Ihnen teils von Microsoft geliefert, teils haben Sie vielleicht auch von Ihrem Unternehmen bereitgestellte spezielle Formatvorlagen dabei. Für ein paar passende Beispiele schreibe ich mir jetzt in mein Beispieldokument einen Titel, Haupt- und Unterüberschriften – ohne jegliche weitere Formatierungen, aber auf jeden Fall in einen eigenen Absatz.

Jetzt klicke ich in den Titel und weise ihm die entsprechende Formatvorlage zu. Es kann sein, dass Sie dazu die Auswahl über den Klapppfeil erweitern müssen.

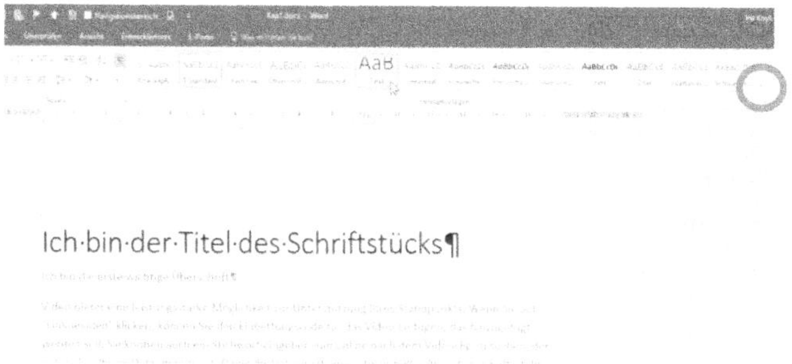

Nach diesem Mausklick hat der Absatz, in den ich gerade geklickt hatte, mit einem Schlag verschiedene Formatänderungen erfahren: die Schriftfarbe ist wieder schwarz, die Größe wurde geändert und noch weitere Details, die wir später ansehen werden. Jetzt klicke ich in alle wichtigen Überschriften und weise die Formatvorlage **Überschrift 1**

zu und alle weniger wichtigen, denen ich die Formatvorlage **Überschrift 2** zuweise.

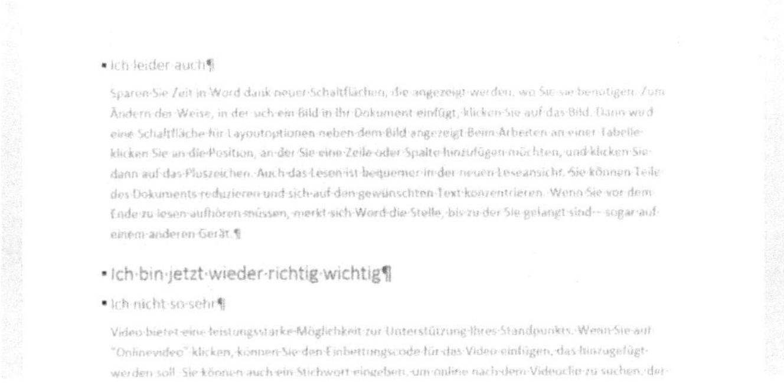

Jetzt sehen die verschiedenen Überschriften schon deutlich mehr nach Überschrift aus. Häufig sollen sie aber auch nummeriert werden. Das geht aber nicht so einfach mit der Nummerierung von Textabsätzen, die Sie wahrscheinlich kennen. Sie brauchen dazu die Listen mit mehreren Überschriftenebenen. Klicken Sie dazu zunächst in eine Überschrift der obersten Ebene. Wählen Sie dann aus der Registerkarte **Start** die **Liste mit mehreren Ebenen** und wählen Sie aus der Listenbibliothek unbedingt eine Vorlage, die auch den Ausdruck „Überschrift" enthält. Nur mit diesen wird es auf Überschriftenebene funktionieren – und zwar korrekt über das gesamte Dokument. Sie können sich an dieser Stelle auch eine eigene Listenvorlage definieren, das wird aber selten der Mühe wert sein.

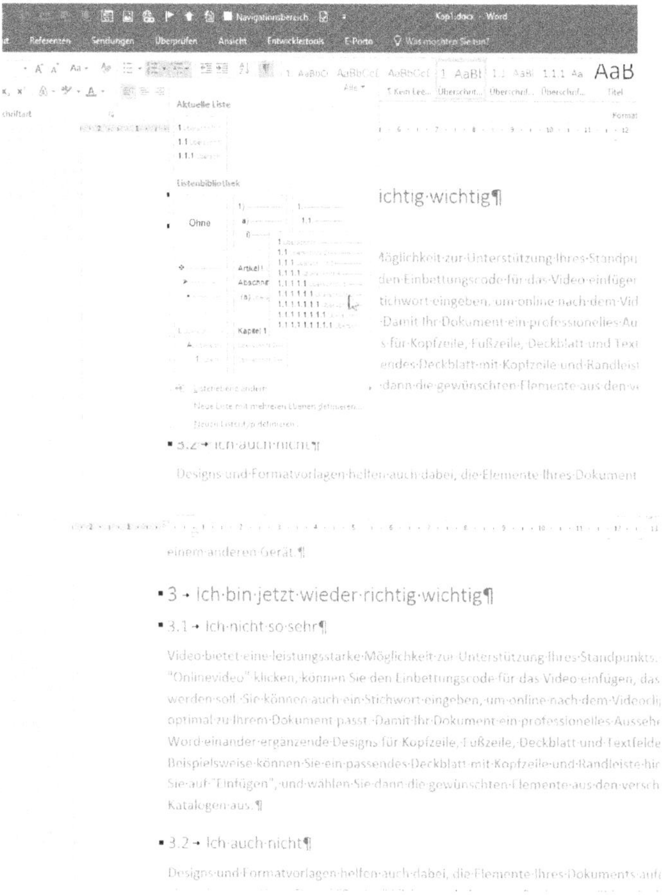

Jetzt sieht das Dokument ordentlich gegliedert aus, aber möglicherweise gefällt die Formatierung der Überschriften noch nicht oder passt nicht zur Corporate Identity Ihres Unternehmens. Bei normalen Texten kann man dazu verfahren wie oben bei der **Standard**-Formatvorlage, bei Überschriften kann das wegen der Hierarchieebenen etwas fummelig werden. Hier ist es einfacher, dasselbe Ziel über einen anderen Weg anzusteuern. Damit das Beispiel im Druck gut zu erkennen ist, will ich jetzt festlegen, dass alle Überschriften der zweiten Ebene in **Brush Script** dargestellt werden sollen – jede andere Änderung wäre natürlich auch über diesen Weg erreichbar. Ich weise also einer Überschrift händisch die gewünschte Formatierung zu. Oben in der Registerkarte Start kann ich jeweils im Bereich Formatvorlagen sehen, welche Formatvorlage an der entsprechenden Stelle zuletzt zugewiesen wurde – auch wenn die Textgestaltung möglicherweise inzwischen händisch vollkommen verändert wurde. Klicke ich mit der rechten Maustaste auf die entsprechende Vorlage, kann ich sie entsprechend den aktuellen Formatierungen komfortabel aktualisieren.

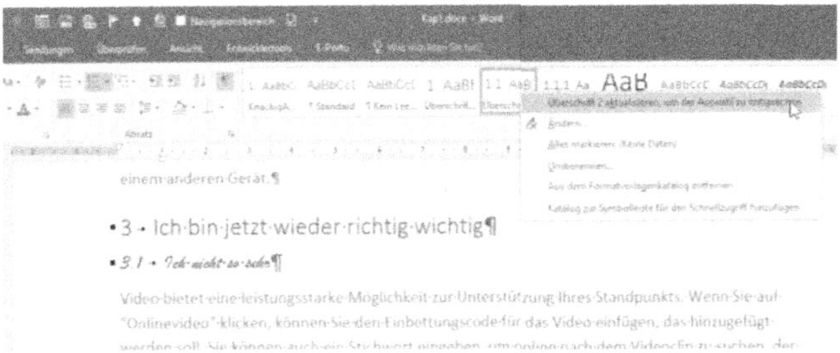

Danach sehen wieder alle Inhalte, denen die entsprechende Vorlage zugewiesen wurde, einheitlich aus. Die Autoren haben damit die Möglichkeit, sich während des Schreibens ganz auf die sachlichen Inhalte zu konzentrieren. Die optische Anpassung ist dann mit wenigen Mausklicken erledigt.

Auf ganz ähnlichem Weg können Sie sich auch Formatvorlagen auch selbst erstellen. Schreiben Sie dazu Text in Ihr Dokument und formatieren Sie ihn wie gewünscht. (Der Einzug in meinem Beispiel ist über die Schaltfläche **Einzug vergrößern** in der Registerkarte Start entstanden.) Sie können dann eine neue Formatvorlage über das Menüband erstellen oder wie ich hier über das Kontextmenü der rechten Maustaste.

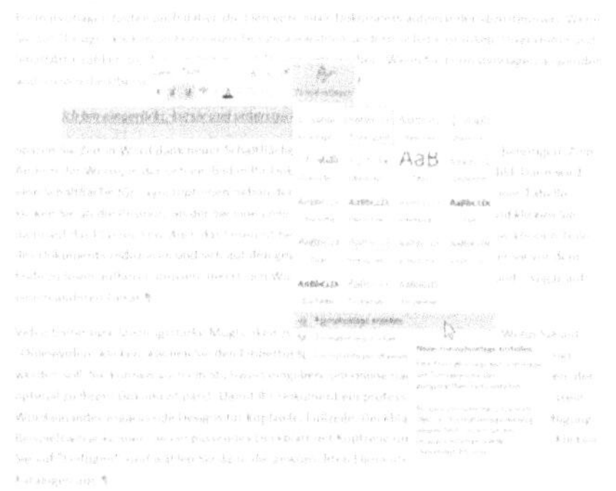

Geben Sie der neuen Vorlage einen aussagekräftigen Namen und klicken Sie **OK**.

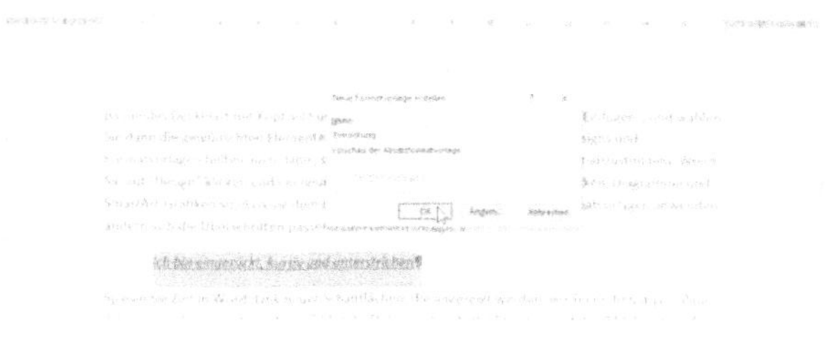

Jetzt existiert eine neue Formatvorlage und kann beliebig innerhalb dieses Dokuments verwendet werden.

Wahrscheinlich werden Sie damit schon viele Formatierungsaufgaben erledigen können. Werfen wir aber zum Abschluss noch einen Blick auf das vollständige Sortiment der Möglichkeiten, wo dann auch fortgeschrittene Wünsche erfüllt werden können. Um an das entsprechende Fenster zu gelangen, klicken Sie irgendwo in den Text und rufen noch einmal das Fenster von eben auf, wählen aber diesmal **Ändern...**.

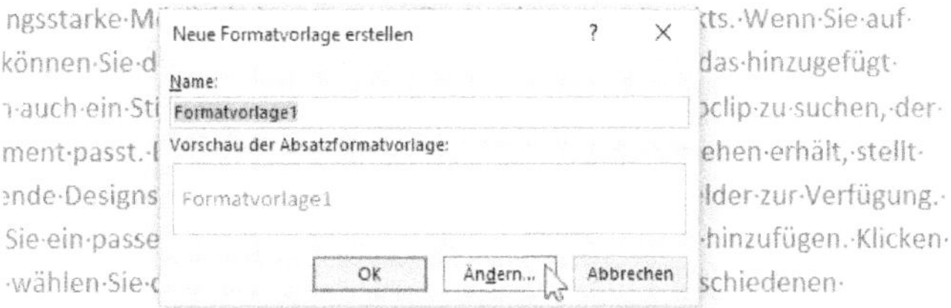

Sie kommen dann in ein Fenster, das alle Auskünfte und Einstellungsmöglichkeiten bietet – wenn auch manche etwas versteckt. Sehen wir uns also die wichtigsten Einträge an. Zuerst braucht die Vorlage natürlich einen aussagekräftigen Namen. Darunter finden Sie den Formatvorlagentyp. Die Verknüpfung von Absatz und Zeichen ist sicher die häufigste und praktischste Art. Sie verbindet das Aussehen der einzelnen Buchstaben mit der Formatierung des Absatzes wie z.B. dessen Ausrichtung oder Abstand nach oben oder unten. In älteren Programmversionen heißt der Typ nur **Absatzvorlage**, funktioniert aber inhaltlich gleich.

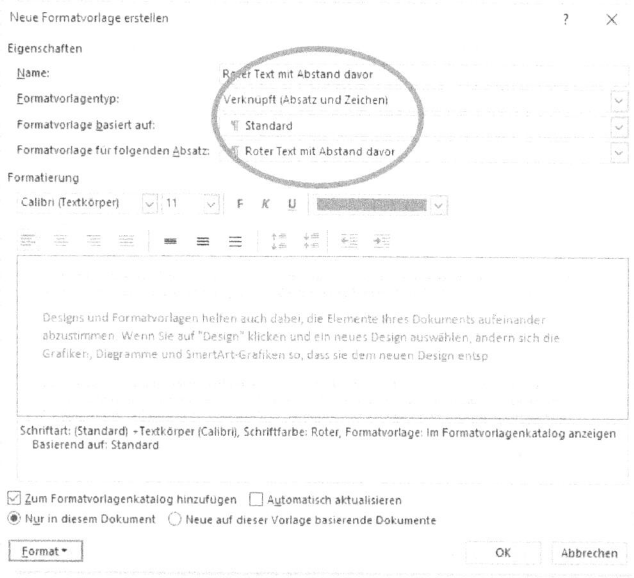

Außerdem kann man Formatvorlagen aufeinander basieren lassen. Wenn z.B. für **Standard** die Schriftart Times New Roman gewählt worden ist, werden alle auf ihr beruhenden Formatvorlagen diese Schriftart erben, so lange für sie nichts Neues festgelegt worden ist. Ebenso können Sie festlegen, dass nach einem Text mit einer bestimmten Vorlage zwingend eine andere verwendet werden soll. Zum Beispiel, dass nach einer Überschrift immer Standardtext folgen soll. Unter dem Vorschaufenster finden Sie dann auch immer die aktuell geltenden Einstellungen in Prosa. Das Kästchen **Zum Formatvorlagenkatalog hinzufügen** legt fest, ob Ihre neue Vorlage oben bei den anderen angezeigt werden soll oder nicht. Denn in der Tat gibt es bedeutend mehr mitgelieferte Vorlagen als Sie dort sehen. Die meisten werden Sie aber selten brauchen. Im Sinne der Übersichtlichkeit können Sie diese dann auch oben ausblenden. Das Kästchen **Automatisch aktualisieren** ist Geschmackssache, ich persönlich würde es niemals verwenden. Es sorgt dafür, dass, wenn Sie einmal an einem Stück Text eine händische Veränderung vornehmen, sofort die Formatvorlage entsprechend geändert wird. Man müsste dann wieder zur Kontrolle alle Stellen durchsehen, auf die die Änderung Auswirkung haben könnte – ein Aufwand, den ich mir nicht bereiten möchte.

Beachten Sie aber noch die beiden Optionsfelder **Nur in diesem Dokument** und **Neue auf dieser Vorlage basierende Dokumente**. Um in spezielle Dokumentvorlagen zu speichern, müssen Sie Zugriff auf diese Vorlagen haben. Im Unternehmen ist das meist nicht der Fall. Wir können hier nur in die persönliche Standardvorlage speichern.

Was vorerst nicht sichtbar ist, sind z.B. Einstellungen für Zeilen- und Absatzabstände, Nummerierungen, Sprache und ähnliches. Diese finden Sie unter dem **Format**-Button. Da die Zeilen- und Absatzabstände zum Absatzformat gehören, sehen wir uns beispielhaft diesen Dialog an. Klicken Sie also auf **Absatz**, um die entsprechenden Einstellungen vorzunehmen.

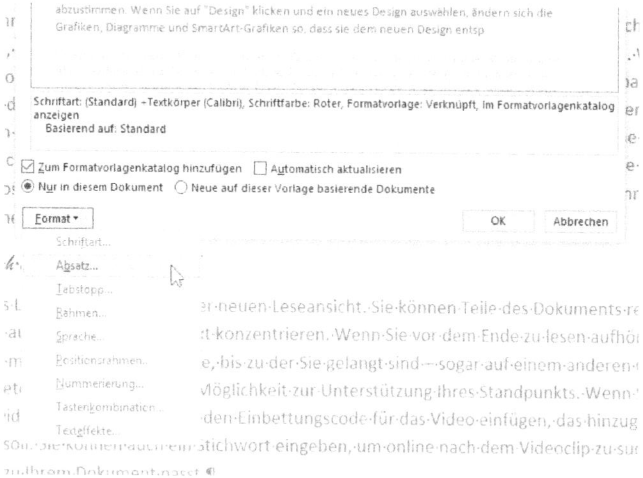

Wir sehen in diesem Dialogfenster, warum moderne Word-Dokumente luftiger wirken als mancher das noch von älteren Versionen oder sogar der Schreibmaschine gewöhnt ist. Hier wurde nämlich der Standard-Zeilenabstand von 1 auf 1,15 erhöht. Er kann aber ebenso wie alle anderen Ausgangsgrößen beliebig verändert werden. Ich habe jetzt für das Beispiel festgelegt, dass vor dem Absatz jeweils 30 Punkt – also ca. 1 Druckzentimeter – Platz zum vorhergehenden Absatz gelassen werden soll. Weitere Einstellungen können hier ebenfalls getroffen werden, praktisch relevant ist aber am ehesten noch die Ausrichtung und die Tabstopps, alle anderen werden bei normalen Schriftstücken meist auf den vorgefundenen Einstellungen belassen.

Wenn wir dann auf **OK** klicken, wird die neue Formatvorlage gleich dem Absatz zugewiesen, in dem der Cursor gerade steht. Wir können jetzt beurteilen, ob der Effekt so gewünscht ist oder ob Änderungen vorgenommen werden müssen. Abstände vor und nach dem Absatz kann man am besten einschätzen, wenn man den entsprechenden Textteil markiert.

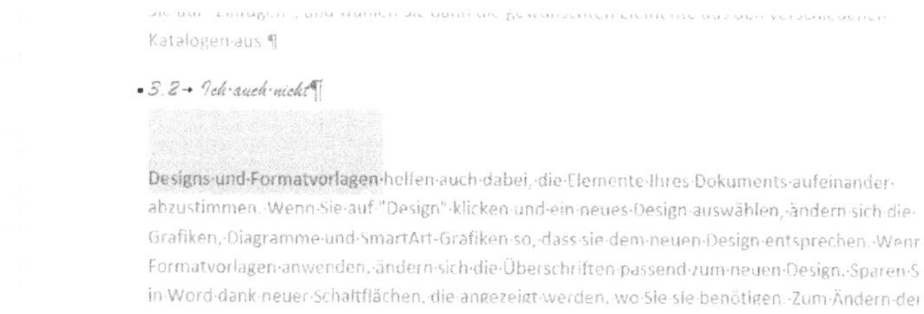

1.2 Schnellbausteine

Schnellbausteine sind ein Katalog der Bausteine, von denen wir in den kommenden Abschnitten noch andere ansehen werden. Sie sind besonders handlich, wenn man bestimmte Texte oder andere Inhalte immer wieder neu verwenden möchte. Die Größe dieser Bausteine ist praktisch unbegrenzt, die Menge sollte aber übersichtlich gehalten werden.

Um einen solchen Baustein anzulegen, schreibt man den gewünschten Inhalt zunächst ein letztes Mal händisch ins Dokument. Markieren Sie ihn und wählen Sie aus der Registerkarte **Einfügen** den Button **Schnellbausteine**.

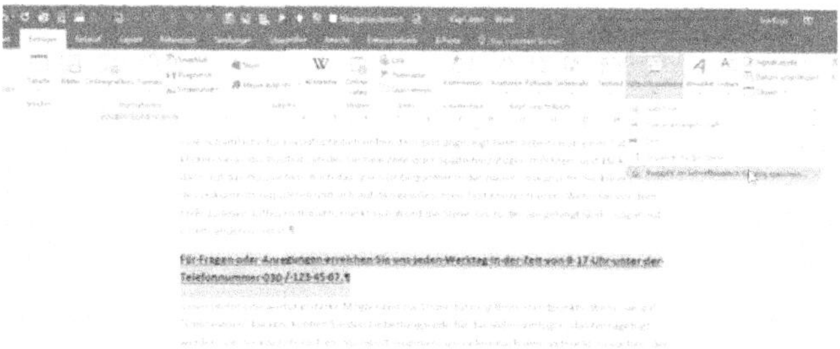

Daraufhin öffnet sich ein Fenster, das Ihnen Möglichkeiten zur Detailanpassung bietet.

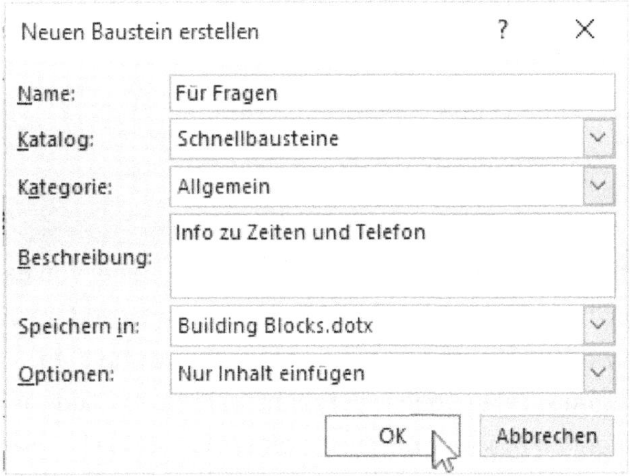

Den Namen können Sie frei wählen, behalten Sie aber den Katalog **Schnellbausteine** bei. Kategorien können dann lohnen, wenn Sie sehr viele Schnellbausteine verwenden möchten. Die Beschreibung bekommen Sie bei Aufruf der Schnellbausteine angezeigt, wir sehen die Stelle gleich. Beachten Sie aber den Speicherort! Die Dokumentvorlage Building Blocks.dotx ist immer unveränderlich auf dem lokalen Rechner gespeichert. Was Sie dort hinterlegen, steht auch nur dort zur Verfügung, selbst dann, wenn sonst alle Ihre Profil- und sonstigen Daten im Netzwerk gespeichert sind. Soll der Baustein also an mehreren Arbeitsplätzen verfügbar sein, wählen Sie eine im Dokumentvorlage im Netzwerk, z.B. normal.dotx.

Jedenfalls haben Sie jetzt den Schnellbaustein und können ihn verwenden. Gehen Sie also an die gewünschte Stelle in Ihrem Dokument und klappen Sie die Schnellbausteine auf.

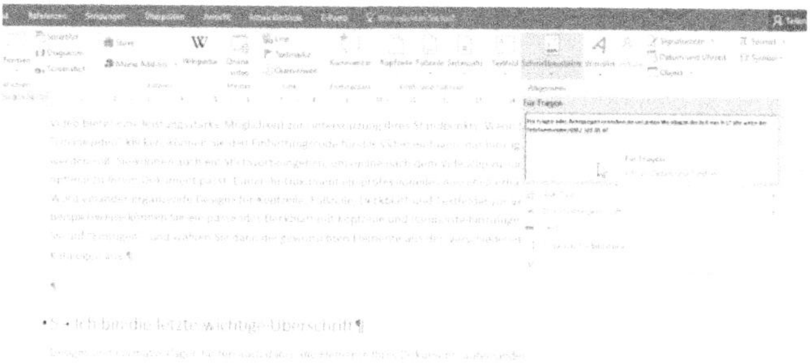

Ein Klick auf den gewünschten Eintrag setzt ihn ins Dokument.

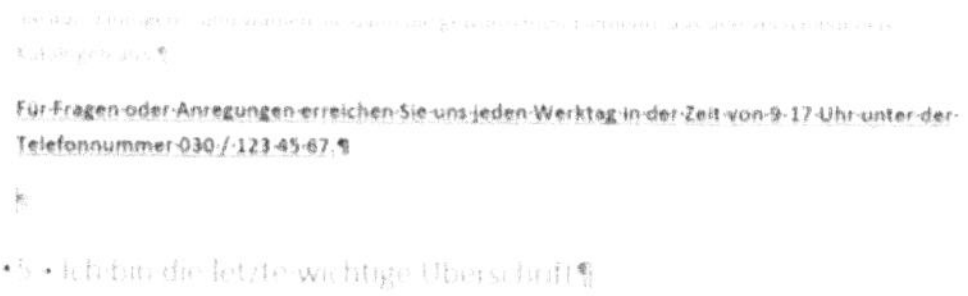

Sofern die Bausteine später einmal bearbeitet oder gelöscht werden sollen, rufen Sie den **Organizer für Bausteine** auf.

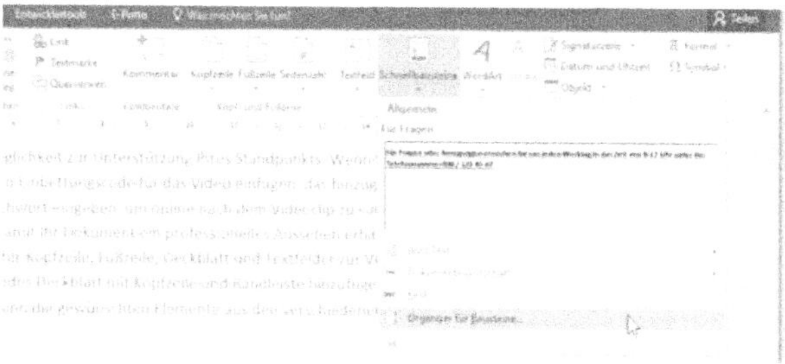

In dem sich öffnenden Organzier-Fenster sehen Sie sämtliche vorhandenen Bausteine – auch Kopfzeilen, Seitenzahlen und ähnliches. Sie können die Anzeige nach den entsprechenden Eigenschaften sortieren, indem Sie auf die Kopfzeile klicken.

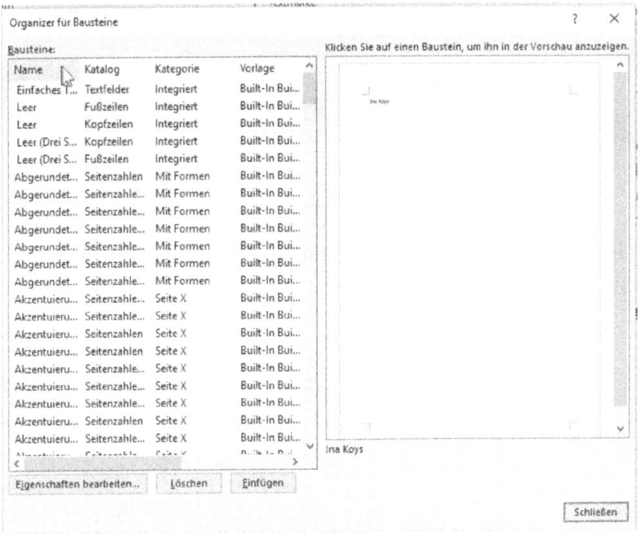

Nach Anklicken der gewünschten Einträge können Sie diese dann bearbeiten oder löschen.

Beachten Sie auf jeden Fall eins: Wenn Sie Bausteine in der lokalen Dokumentvorlage BuildingBlocks.dotx gespeichert haben, werden Sie beim Schließen von Word gefragt, ob Sie die Änderungen behalten möchten.

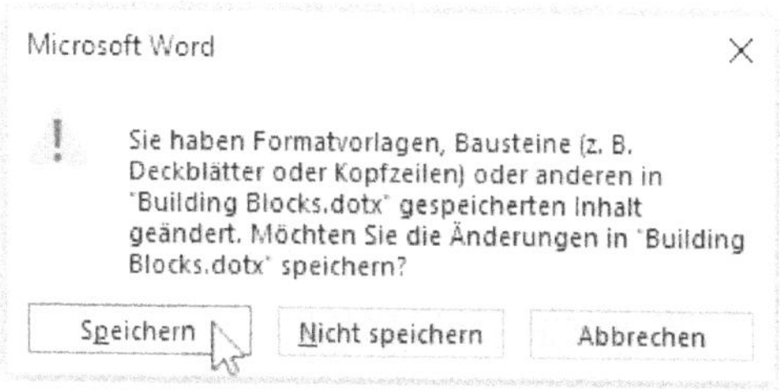

Diese Meldung müssen Sie unbedingt bestätigen, damit Ihre Bausteine erhalten bleiben.

1.3 Felder

Eine weitere Möglichkeit zur Delegation von Routinearbeiten an Word ist die Verwendung von Feldern. Klassische Verwendungen sind z.B. Datumsangaben und Seitenzahlen, daneben gibt es aber noch sehr viele weitere. Um sie aufzurufen, gehen Sie wie eben auf die Schaltfläche **Schnellbausteine**, wählen aber diesmal **Feld...**.

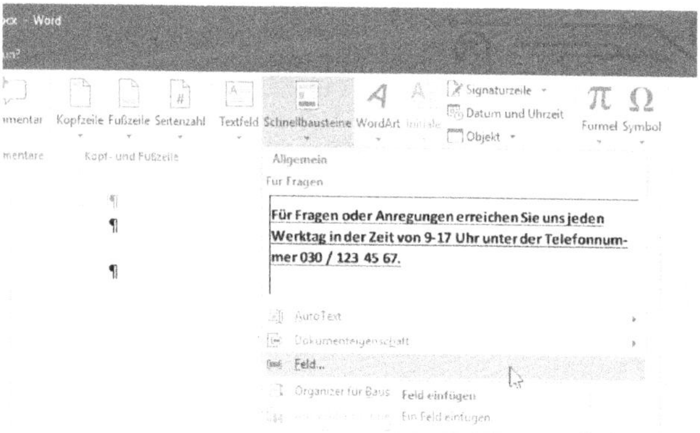

Spätestens nachdem Sie sich alle Kategorien anzeigen lassen, bekommen Sie eine umfangreiche Liste angeboten, von der sicher nur einige Einträge interessant sind. Hier können Sie aber z.B. anzeigen lassen, wer dieses Dokument zuletzt gespeichert hat.

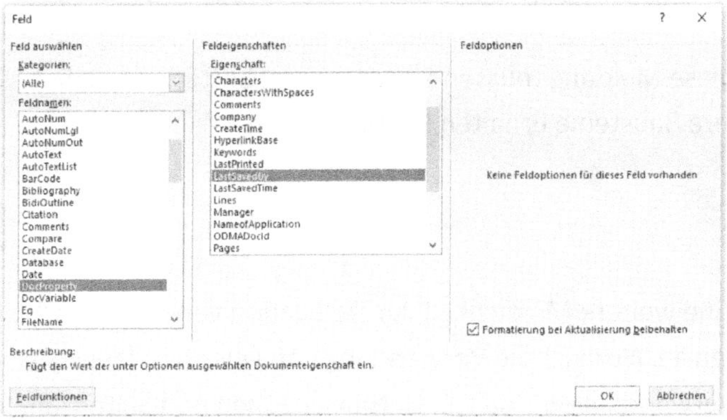

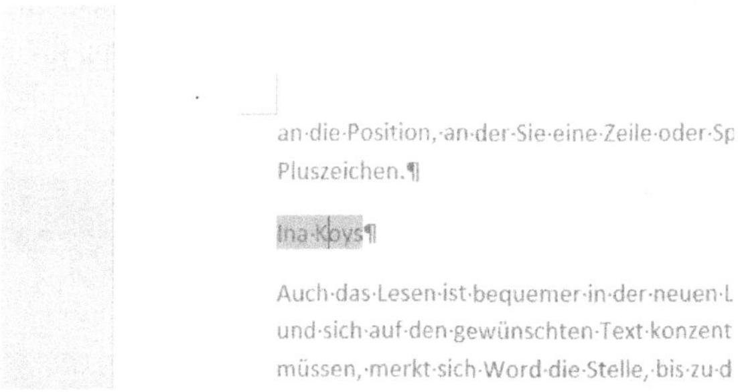

Dass es sich um ein Feld handelt, wird durch die graue Hinterlegung angezeigt – allerdings standardmäßig erst dann, wenn der Cursor in den Bereich des Feldes gesetzt wird. Sofern Sie Felder immer sofort als Felder erkennbar haben möchten, können Sie das einstellen unter ***Datei / Optionen***

/ Erweitert / Dokumentinhalt anzeigen / Feldschattierung / Immer.

Leider werden die Namen der Felder nur noch in Englisch angezeigt. Als Beispiele für nützliche Funktionen können hier genannt werden: **FileName** für den Speicherpfad und Dateinamen, **Page** für die Seitenzahl und **NumPages** für die Gesamtseitenzahl und dann natürlich alle Einträge der Kategorie **Datum und Uhrzeit**, die wir uns hier beispielhaft ansehen.

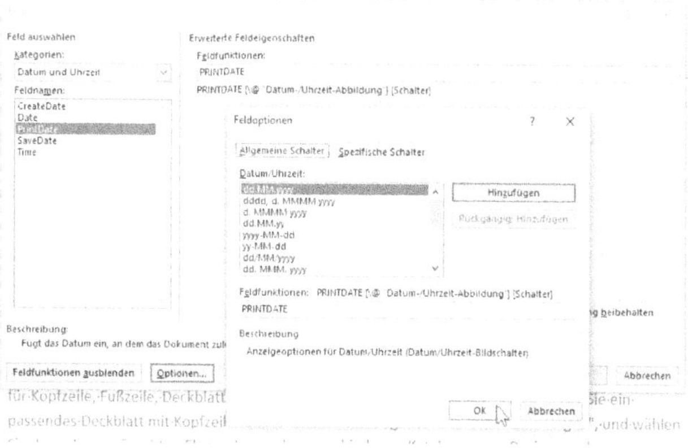

Das aktuelle Datum (**Date**) ist in Dokumenten manchmal lästig, weil bei erneutem Öffnen dann wieder das aktuelle Datum angezeigt wird und man so nicht gleich sieht, wann das Schriftstück zuletzt gedruckt wurde. Hier hilft je nach Bedarf **PrintDate** für den Tag, an dem zuletzt gedruckt wurde oder **SaveDate** für den Tag, an dem das Dokument zuletzt gespeichert wurde. Für beide gibt es unter

Optionen... die Möglichkeit, die gewünschte Formatierung auszusuchen oder neu zu definieren. Hierbei stehen **d, M** und **y** für Tag, Monat und Jahr des Datums. Wenn Sie diese Funktionen verwenden wundern Sie sich aber nicht: sofern das Schriftstück noch nie gedruckt oder gespeichert wurde, werden Ihnen natürlich vorerst auch nur Nullen angezeigt.

1.4 Kopf- und Fußzeilen

Häufig enthalten sie nur Seitenzahlen. In Kopf- und Fußzeilen können aber noch wesentlich mehr Elemente untergebracht werden. Sei es Grafik wie Logo oder Trennstriche oder auch weitere Informationen zum Dokument. Diverse werden Ihnen schon mitgeliefert, für viele Zwecke sollte sich da etwas Passendes finden.

Auswählen können Sie die bereitgestellten Vorschläge über die Registerkarte **Einfügen**.

Nehmen wir die Kopfzeile **Pfiff** als Beispiel. Frisch eingefügt sieht sie so aus:

Einerseits wird jetzt – wie immer, wenn der Cursor im Kopf- oder Fußzeilenbereich steht – die dazugehörige kontextsensitive Registerkarte **Kopf- und Fußzeilentools** angezeigt. Hier können Sie z.B. festlegen, dass die erste Seite anders aussehen soll als die folgenden oder gerade und ungerade Seiten sich unterscheiden sollen.

Schauen wir aber einmal in die Elemente der Kopfzeile selbst. Sie sind eigentümlich dargestellt, weil es auch besondere Inhalte sind, die hier eingepflegt werden sollen. Es handelt sich um Dokumenteigenschaften, die so alt sind wie Word selbst, häufig aber ein Schattendasein führen. Was Sie in diesen Feldern ggf. schon vorfinden – wie hier der Autorenname – ist aus Word-Eigenschaften ausgelesen worden. Den Titel und das Datum möchte aber das Dokument von Ihnen mitgeteilt bekommen. Diese Eigenschaften werden dann intern gespeichert, auch wenn sie später keine Verwendung mehr finden. Sie werden Ihnen im Backstagebereich, also nach Klick auf **Datei** im Menüband, angezeigt und können bei Bedarf auch dort verändert werden.

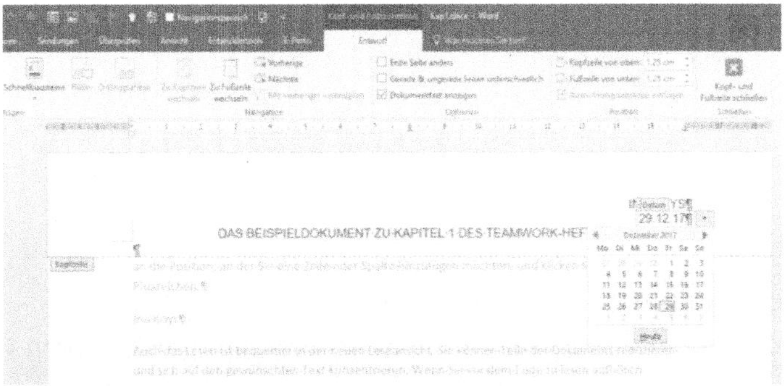

Sie können die Elemente der Kopf- oder Fußzeile selbstverständlich beliebig anpassen, formatieren und ergänzen. Sind Sie fertig, können Sie sie dann entweder durch das rote Kreuz rechts oben schließen oder einfach in den Dokumenttext doppelklicken.

In den Vorschlägen zu den Kopf- und Fußzeilen werden Sie wenige Varianten mit Seitenzahlen finden – diese sind extra aufgeführt unter **Seitenzahl**, werden aber trotzdem in den Kopf- oder Fußzeilen abgelegt. Auch hier gibt es wieder diverse Varianten zur Auswahl.

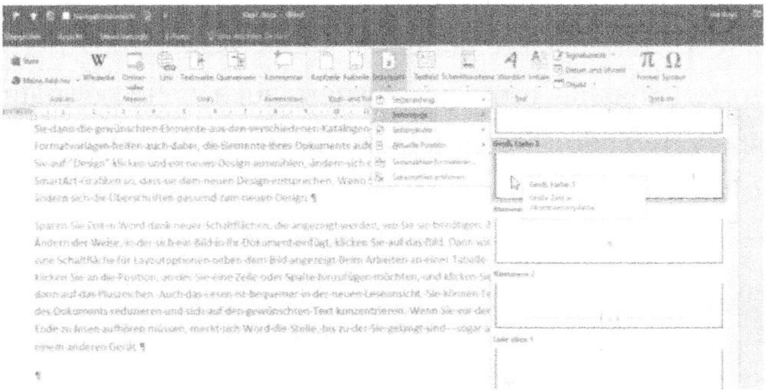

Falls Sie dem Katalog noch Ihre eigenen Varianten hinzufügen oder vorhandene löschen wollen, geht das ganz ähnlich wie bei den Schnellbausteinen, die wir uns schon angesehen haben. Schreiben Sie dazu den gewünschten Inhalt irgendwo in das Dokument und nehmen Sie alle gewünschten Formatierungen vor.

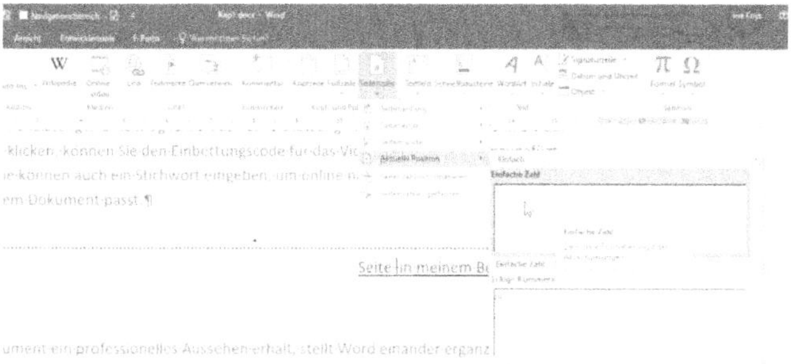

Seitenzahlen lassen sich schnell über die Symbolleiste einfügen, weitere Felder und auch die Dokumenteigenschaften erhalten Sie über das **Schnellbaustein**-Dropdown.

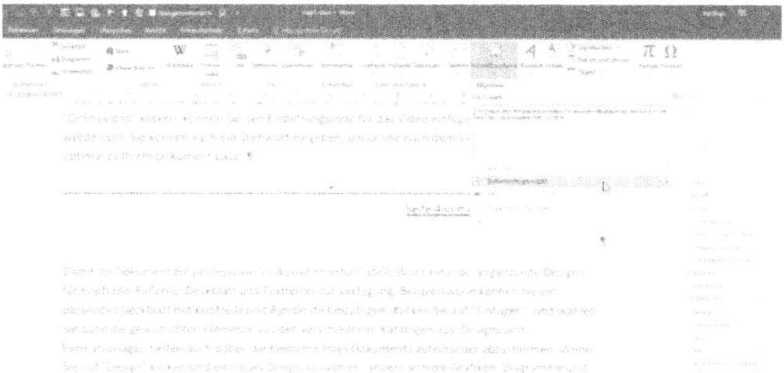

Markieren Sie sich dann Ihr Werk und wählen Sie aus dem Schnellbaustein-Dropdown **Auswahl im Schnellbaustein-Katalog speichern....**

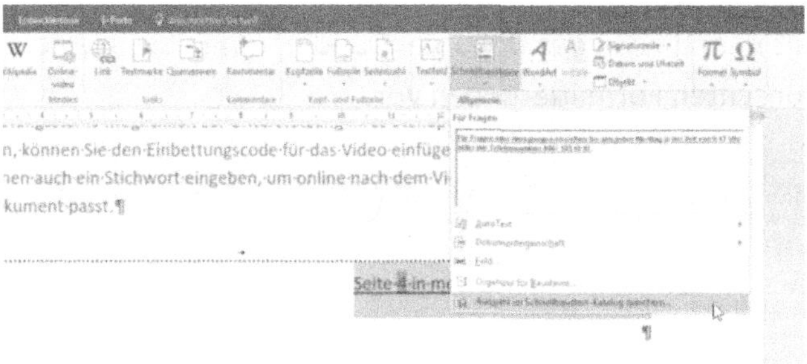

Sie landen dann im schon bekannten Dialogfenster, wählen aber diesmal einen anderen Katalog aus.

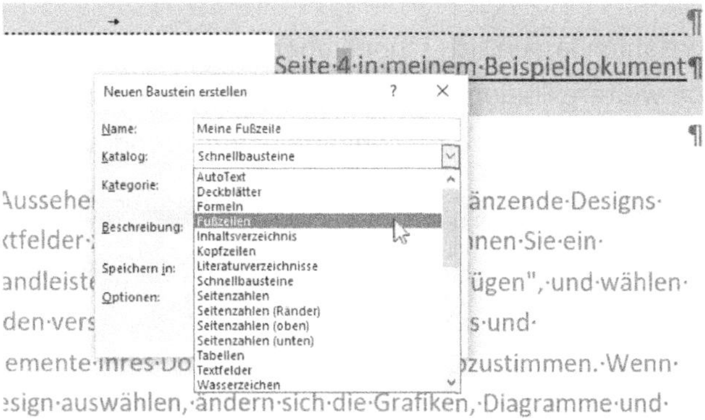

Achten Sie wieder darauf, wo der Baustein gespeichert wird und ändern Sie die Vorlage bei Bedarf. In einzelnen Dokumenten speichern lässt sich ein Baustein nicht – dort könnte man ohnehin mit **STRG + C** und **STRG + V** arbeiten.

Wenn Sie jetzt also den neuen Eintrag in den Fußzeilen gespeichert haben, ist er dort über allen mitgelieferten verfügbar.

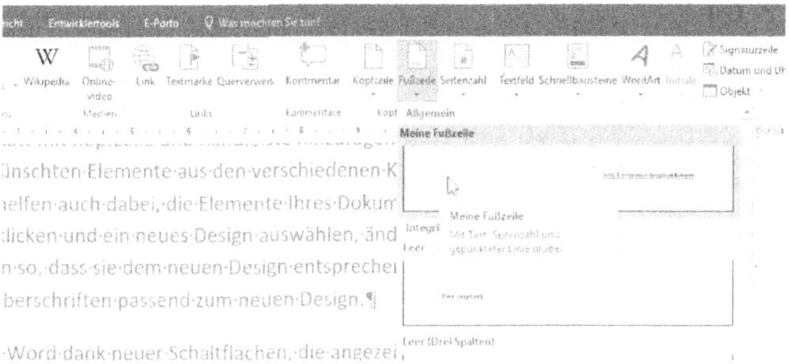

Falls Sie Formatierungen und Markierung korrekt ausgeführt haben, sieht das Ergebnis im Dokument dann aus wie gewünscht.

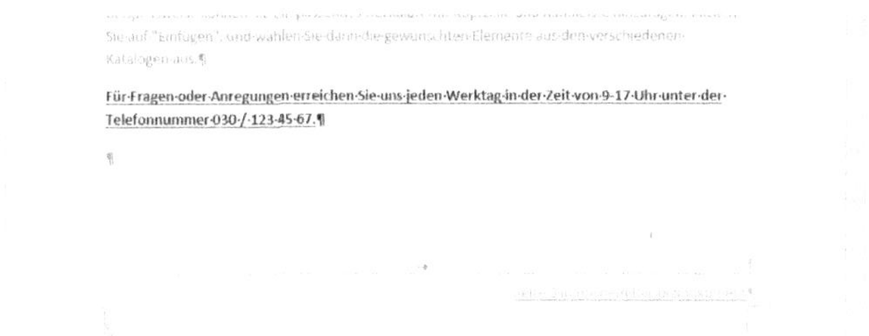

Falls nicht, können Sie den über den Baustein über den Organizer noch ändern oder besser löschen und neu anlegen. Auch alle mitgelieferten Einträge können dort nach Wunsch bearbeitet werden.

2 Eingabebeschränkungen

Nun haben wir uns verschiedene Möglichkeiten angesehen Inhalte vorzugeben. Trotzdem könnte ein Bearbeiter aber noch immer alles anders machen – meist aus Versehen oder Unkenntnis, vielleicht aber auch bewusst. Sofern man rechtzeitig darauf vorbereitet ist, kann man gleich dafür sorgen, dass derlei nicht passiert. Wie man sich helfen kann, wenn das Kind schon im Brunnen liegt, sehen wir uns im nächsten Kapitel an.

2.1 Formatierungen einschränken

Die Beschränkung von Formatierungsmöglichkeiten im Dokument ist in erster Linie optisch wichtig. Leicht geraten bei den verschiedenen Bearbeitern verschiedene Formatierungen in das Dokument, die dann unruhig und zusammengebastelt aussehen und meist auch der corporate identity im Unternehmen widersprechen. Sofern das Dokument sehr groß wird (3- und mehrstellige Seitenzahlen und diverse grafische Inhalte), kann es durch zu viele verschiedene Einzelformatierungen auch instabil werden. Alles gute Gründe, von vornherein festzulegen, wie das Schriftbild aussehen soll.

Das Werkzeug der Wahl dazu sind die Formatvorlagen. Für einen Test habe ich wieder ein Beispieldokument erstellt und ein paar Formatvorlagen verteilt. Künftige Bearbeiter sollen beliebige inhaltliche Änderungen vornehmen können, in der Formatierung aber beschränkt sein auf meine Vorgaben. In der Registerkarte **Überprüfen** finde ich den Button **Bearbeitung einschr.**.

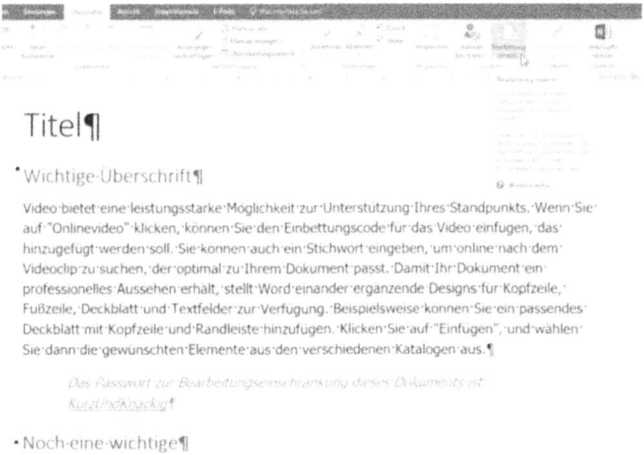

Mit Klick darauf wird die Bearbeitungsleiste eingeblendet. Klicken Sie das Kästchen für die Formatierungseinschränkung und wählen Sie **Einstellungen...**.

Sie kommen dann an ein Dialogfenster, das Ihnen zunächst vorschlägt, alles zu verwenden, was Microsoft mitgeliefert hat. Das wäre unübersichtlich und kontraproduktiv. Wählen Sie deshalb zunächst **Keine**

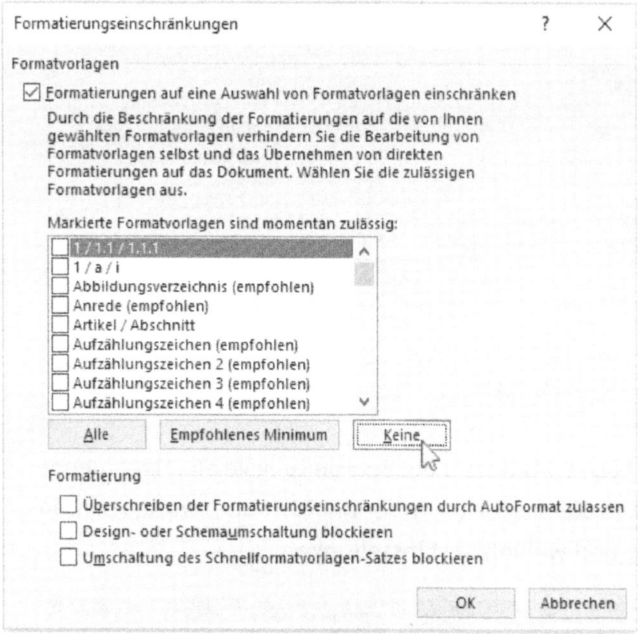

und aktivieren Sie dann alle von Ihnen gewünschten Formatvorlagen. Beachten Sie, dass Sie die Formatvorlage **Standard** in dieser Liste nicht finden werden, denn sie muss immer vorhanden sein, damit Text überhaupt darstellbar ist.

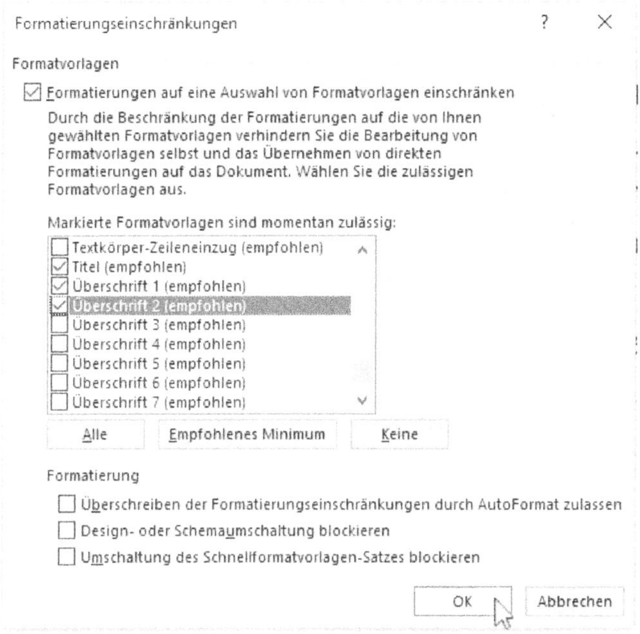

Nach Klick auf **OK** wird Ihnen ein Fenster angezeigt, das eigentlich ganz sinnvoll sein könnte, wenn es besser hinterlegt wäre.

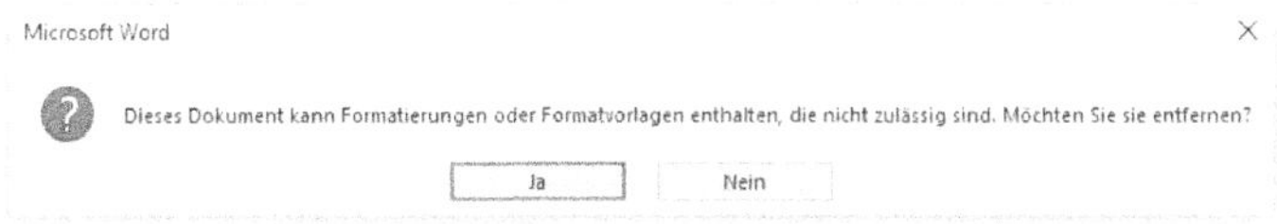

In der Tat wird nicht vorher nachgesehen, ob unerwünschte Formate vorhanden sind. Die Verantwortung des Nachsehens wird komplett an den Nutzer delegiert und das Fenster pauschal eingeblendet. Eventuell vorhandene, aber nicht explizit erlaubte Formatierungen werden bei Klick auf **Ja** auf **Standard** gesetzt. Sie sollten in dem Fall also jetzt noch einmal durchsehen, ob alles dargestellt wird wie gewünscht. Wenn das der Fall ist, klicken Sie **Ja, Schutz jetzt anwenden**.

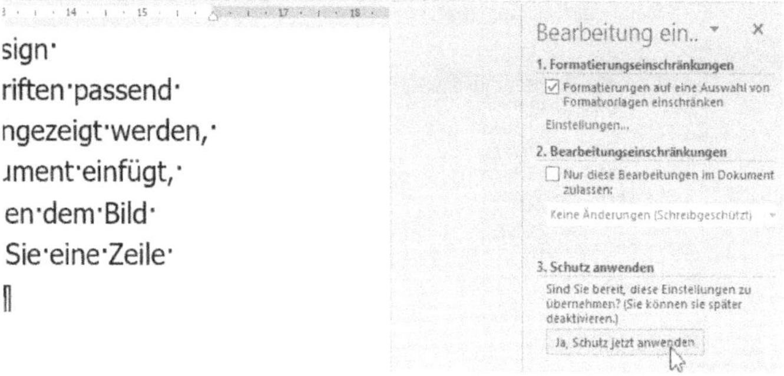

Sie werden dann nach einem Passwort gefragt. So lange Sie noch testen können Sie es weglassen. Entlassen Sie Ihr Dokument aber in das richtige Leben, sollten Sie auch ein richtiges Passwort verwenden. Schreiben Sie es aber nicht wie ich sichtbar in das Dokument 😉.

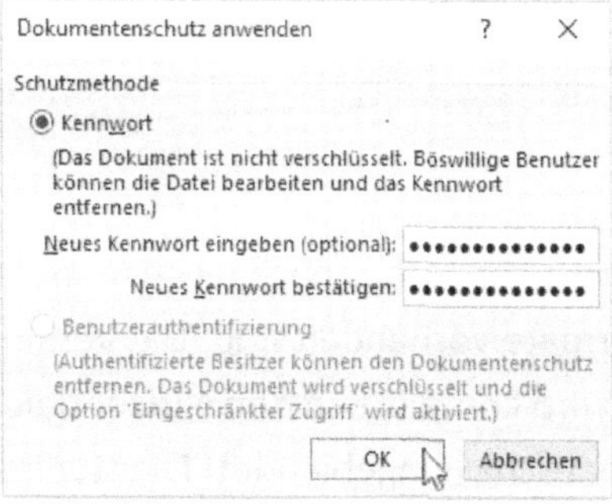

Nach Klick auf **OK** können Sie jetzt einmal selbst ausprobieren, ob Sie am Dokument noch etwas formatieren können.

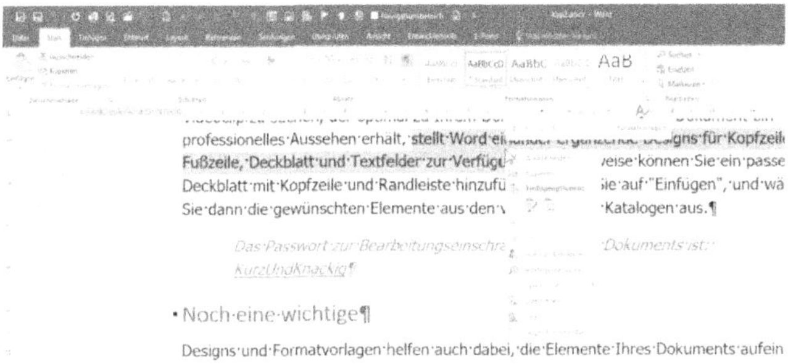

In der Tat sind alle direkten Formatierungsmöglichkeiten abgeschaltet und die Formatvorlagen beschränkt auf diejenigen, die im Dokument erwünscht sind. Inhaltliche Änderungen sind aber vollkommen frei möglich und speicherbar. Sofern der Schutz wieder aufgehoben werden soll, gibt es unten in der Bearbeitungsleiste die entsprechende Schaltfläche.

Hier wie auch in den im Folgenden genannten Beschränkungsmöglichkeiten bedenken Sie aber immer die Situation desjenigen, der sich unerwartet gewohnter Werkzeuge beraubt sieht. Das fühlt sich nicht gut an und verwirrt womöglich auch einigermaßen. Informieren Sie die Nutzer deshalb von den Maßnahmen und erklären Sie, warum Sie sie ergriffen haben. Und rechnen Sie damit, dass Sie vielleicht ein Detail übersehen haben. Sagen Sie den Nutzern, dass Sie das auf Anfrage noch nachputzen können. Wenn die Nutzer den Sinn der Maßnahmen kennen, werden sie sie akzeptieren und wahrscheinlich auch zu schätzen wissen.

2.2 Nur bestimmte Bereiche freigeben

Gelegentlich kann es erwünscht sein, dass Nutzer nur in bestimmten Bereichen eines Dokuments Änderungen vornehmen können sollen, sonst aber nicht. Das ist möglich, lohnt aber nur für nicht zu kleinteilige Unterscheidungen. Dazu werden in das fertige Dokument fortlaufende Abschnittsumbrüche eingefügt.

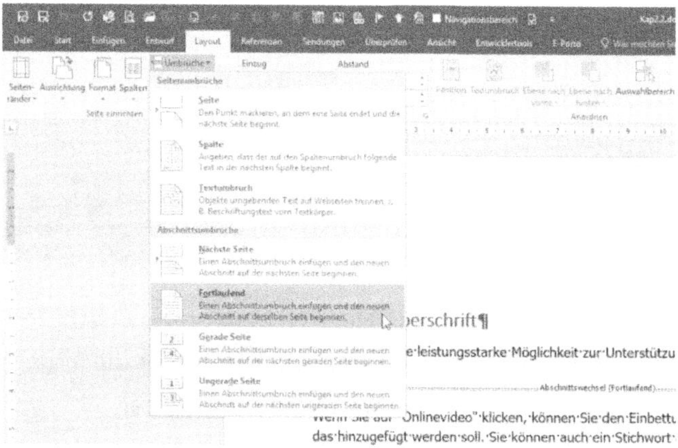

Diese Abschnittsumbrüche sind im gedruckten Dokument nicht sichtbar, ermöglichen aber Layoutänderungen wie hier das Verwenden eines teilweisen Inhaltsschutzes. Wir werden uns bei den Layoutfragen noch einmal näher mit ihnen beschäftigen.

Nachdem ich zwei Abschnittsumbrüche eingefügt habe, hat mein Dokument Kap2.2.docx also jetzt drei Abschnitte. Zu sehen ist das nur, wenn die nicht druckbaren Zeichen eingeblendet werden. Ich kann jetzt für jeden dieser Abschnitte festlegen, ob er geschützt sein soll oder nicht, wahlweise auch mit Schutz der Formatierungen. Wählen Sie jetzt aus den **Bearbeitungseinschränkungen** das **Ausfüllen von Formularen**.

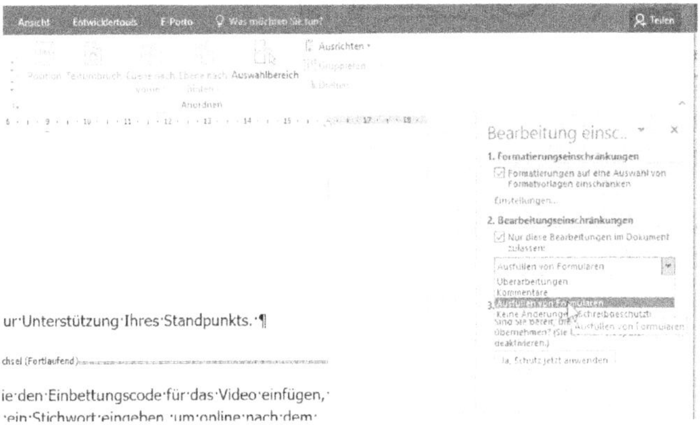

Die Formularfunktionen sind eigentlich für einen anderen Zweck gedacht, das können wir aber für den Moment ignorieren. Wir brauchen sie hier, weil nur im Zusammenhang mit ihnen der Abschnittsschutz auswählbar ist.

Nach dem Klick auf **Abschnitte auswählen...** bekommen wir das entsprechende Fenster angezeigt und können bestimmen, in welchen Abschnitten sich Nutzer frei entfalten können sollen und in welchen nicht.

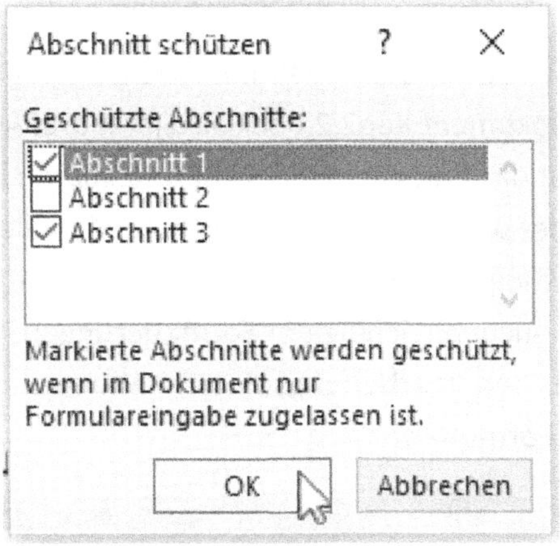

Ein Klick auf **OK** sorgt jetzt dafür, dass die Abschnitte 1 und 3 nicht mehr veränderbar sind, wenn das Dokument geschützt wird. Der Schutz muss jetzt noch mit Klick auf **Ja, Schutz jetzt anwenden** eingelegt werden, dann ist nur noch der Abschnitt 2 bearbeitbar, sonst nichts.

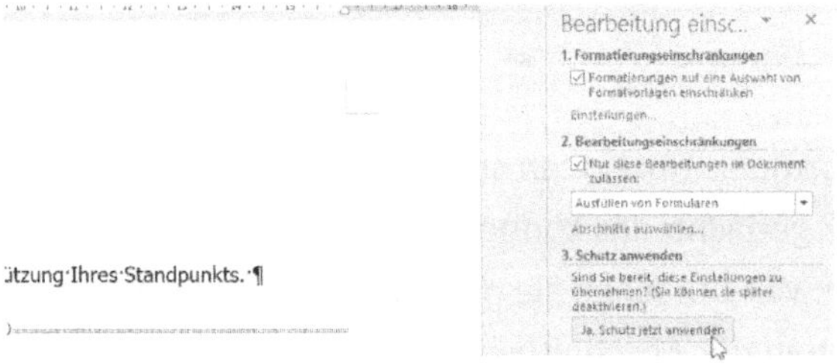

3 Änderungsverfolgung

Die eben besprochenen Möglichkeiten sind in erster Linie dann praktisch, wenn man sie von Anfang an ergriffen hat. Wenn aber das Kind schon im Brunnen liegt und ein 79-seitiges Dokument ist kurz vor knapp noch auf schön zu bürsten, kann das eine stressige Angelegenheit sein. Wenn es in wirklich nur um das Glattziehen von Formatierungen geht, sollten Sie die Finalversion zunächst unter einem neuen Namen speichern. Denn mit dem jetzt beschriebenen Verfahren haben Sie wahrscheinlich noch einmal Bedarf nachzusehen, was die Autoren optisch ursprünglich bewirken wollten. Sie können die Datei auch ausdrucken, wenn Ihnen das angenehmer ist.

Denn anstelle des kleinteiligen Durchsuchens jeder einzelnen Stelle ist es wahrscheinlich zielführender, einmal alle Formatierungen komplett zu entfernen (also auf die Formatvorlage **Standard** zu setzen), und dann geordnet neu zu verteilen. Damit Sie sicher sind, Überschriften und ähnliches korrekt zu kennzeichnen, sollten Sie eine Sicherheitskopie haben.

Also: Sie nehmen die künftige Finalversion, klicken irgendwo hinein und drücken **STRG + A**, um alles zu markieren. Und dann wählen Sie entweder **Standard** aus dem Formatvorlagenkatalog oder den **Formatradierer** ebenfalls aus der Registerkarte **Start**.

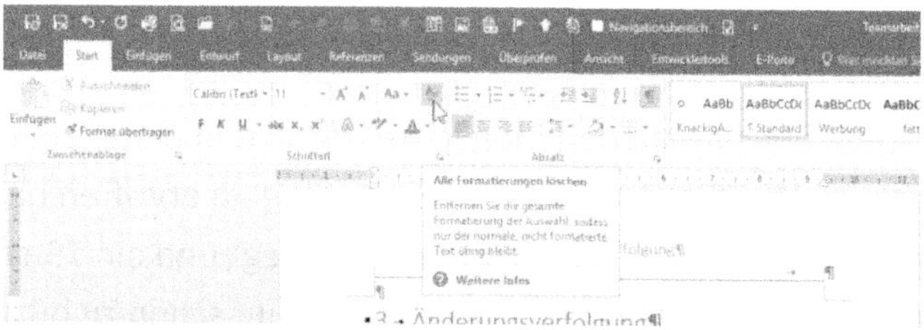

Danach ist das gesamte Dokument einheitlich. Sie können jetzt mit wenigen Mausklicken Formatvorlagen verteilen oder aber auch händisch einheitlich formatieren.

3.1 Vorsorglich

Wenn es um inhaltliche Änderungen geht, haben wir wieder dieselben Möglichkeiten. Besser ist immer, Unfällen und Vandalismus in der Datei vorzubeugen. Notfalls geht es aber auch im Nachhinein. Zunächst die Vorbeugung.

Es handelt sich also um einen Text, der im Kollegenkreis zur Durchsicht gegeben werden soll oder in dem Fachleute vielleicht ihren Teil zum Gesamtwerk beitragen sollen. Dazu haben wir wieder ein Beispieldokument namens Kap3.1.

Um Veränderungen jetzt nachverfolgen und im Einzelfall annehmen oder ablehnen zu können, müssen wir es darauf vorbereiten. Die Schaltfläche **Änderungen nachverfolgen** befindet sich in der Registerkarte **Überprüfen**.

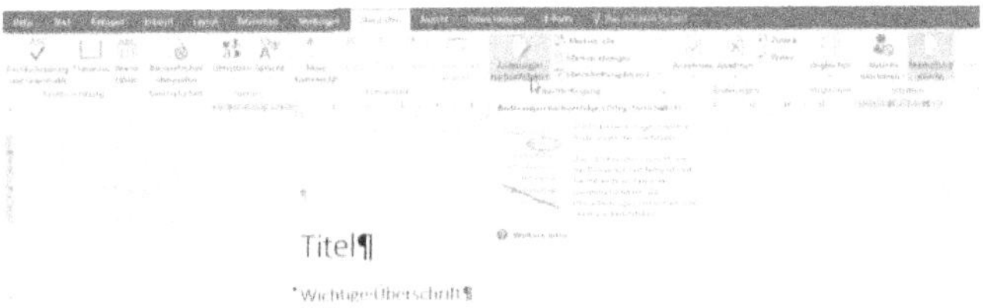

Zum Austesten genügt vorerst das einfache Einschalten der Änderungsverfolgung. In der Praxis könnte jedoch ein Bearbeiter die Nachverfolgung einfach wieder abschalten. Deshalb sollten Sie dann auch ein Passwort zum Ein- und Abschalten der Nachverfolgung festlegen.

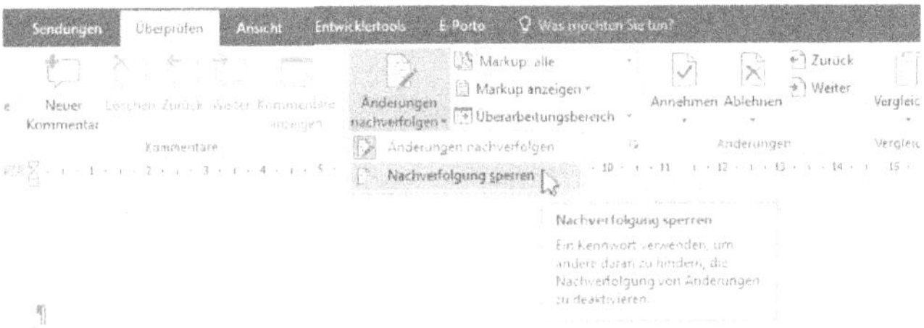

Unabhängig davon, ob die Nachverfolgung geschützt ist oder nicht, bleibt die Optik aber einheitlich – aber deutlich unterschiedlich je nach gewählter Ansichtsoption. Häufig wissen Nutzer gar nicht, dass es dort mehrere Einstellungsmöglichkeiten gibt und glauben dann an einem neuen Arbeitsplatz oder einer neuen Programmversion, dass sich dort Grundlegendes getan hätte. Das ist aber nicht der Fall. Es genügt vollkommen die richtige Ansicht zu wählen, um die gewohnte Optik wiederherzustellen oder aber auch eine passendere Variante zu finden. Wenn alle Markups angezeigt werden, sieht das so aus:

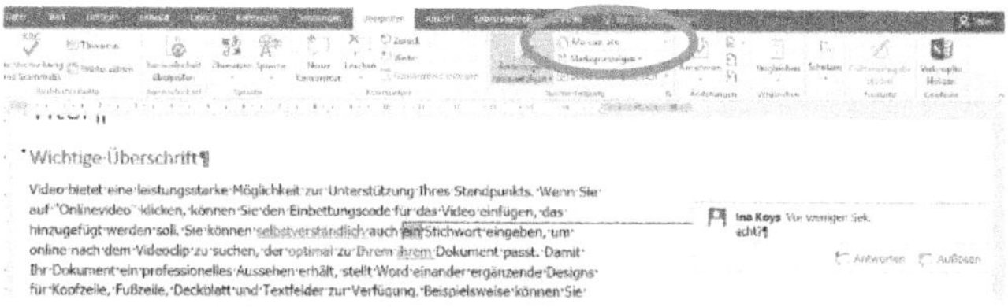

Einfügungen, Änderungen, Löschungen und Kommentare werden angezeigt. Je nach Ansichtseinstellung kann dasselbe Dokument aber auch ganz anders dargestellt werden – im Falle des einfachen Markups also so:

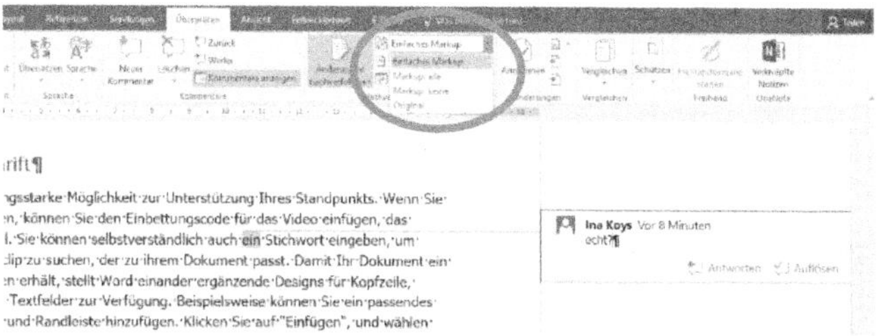

Der Kommentar wird weiterhin als Sprechblase angezeigt, die anderen Änderungen sind vorhanden, aber unauffällig. Testen Sie die vier vorhandenen Ansichten durch, sie haben alle ihre Vorteile. Damit Sie aber nicht einmal versehentlich ein unfertiges Dokument herausgeben, sollten Sie sich die Ansicht **Markup: alle** angewöhnen. In dieser sehen wir uns jetzt an, welche Einstellungen noch Einfluss auf die Darstellung des Dokuments haben.

Am Auffallendsten sind sicherlich die Sprechblasen. Ob sie angezeigt werden und wenn ja wie, lässt sich über ***Markup / Sprechblasen*** einstellen.

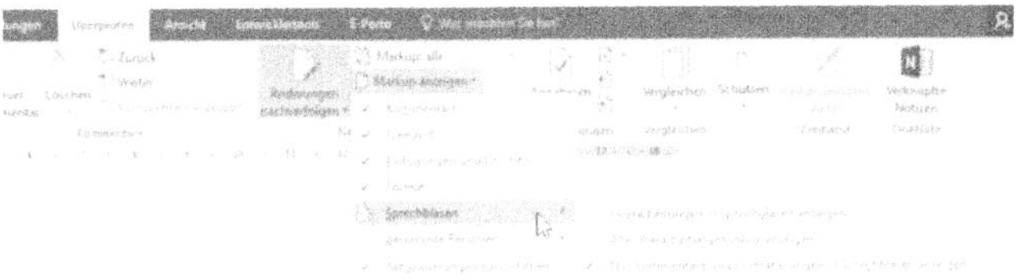

Ob sie auch gedruckt werden, lässt sich in den **Druckeinstellungen** entscheiden.

Auf die Anzeige im Druckeinstellungsfenster ist Verlass, auch hinsichtlich der Bearbeitungsmarkierungen.

Dann werden Sie häufig wissen wollen, wer welche Änderungen vorgenommen hat. Auch das ist unter Markup über den Eintrag Bearbeiter möglich. Betrachten Sie die dort angezeigten Namen aber nicht als in Stein gemeißelt. Es kann gut sein, dass dort nur Einträge stehen wie „User01“, die nicht wirklich hilfreich sind.

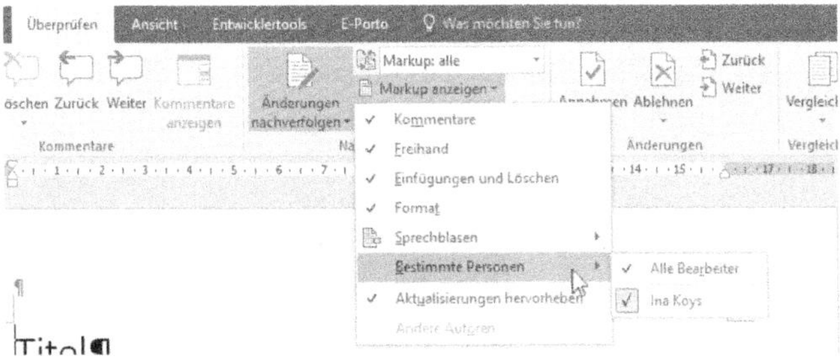

Die hier verwendete Angabe wird aus den Office-Einstellungen gelesen und kann von jedem Nutzer für seine Person geändert werden. Gehen Sie dazu über ***Datei / Optionen / Allgemein*** in die entsprechenden Einstellungen und ändern Sie sie nach Belieben.

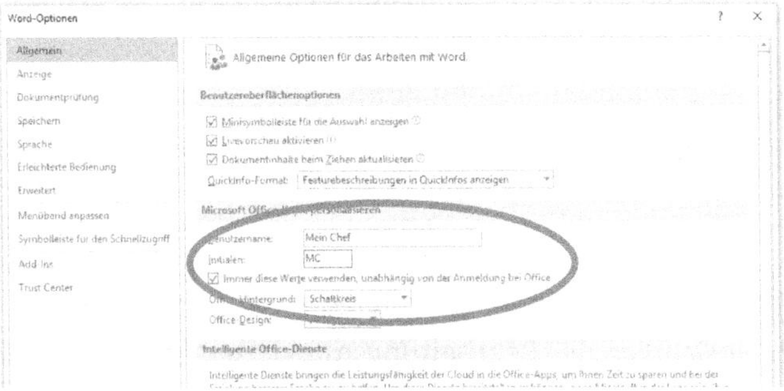

Daraufhin wird Word dann sämtliche künftigen Änderungen als von diesem Bearbeiter getätigt anzeigen – unabhängig davon, ob es nicht vielleicht derselbe unter verschiedenen Namen war.

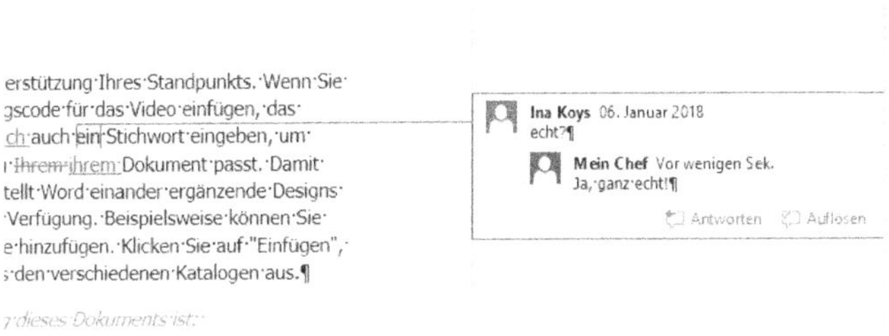

So offensichtliche Schummeleien wie hier werden im Unternehmen eher selten vorkommen, Sie sollten sich aber bewusst sein, dass es theoretisch immer möglich ist.

Da wir hier schon einmal bei Kommentaren sind: Die Funktion der **Antworten**-Sprechblase ist sicher klar. Sie kann ggf. eine ziemlich lange Liste von Antworten erzeugen. Ein Klick auf **Auflösen** bewirkt, dass die Diskussion beendet wird, aber alle Einträge erhalten bleiben. Soll der gesamte Kommentar gelöscht werden, hilft dazu ***Kommentare / Löschen*** in der Symbolleiste.

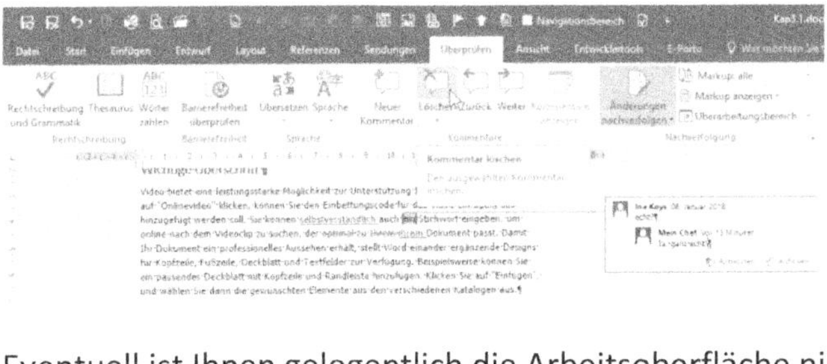

Eventuell ist Ihnen gelegentlich die Arbeitsoberfläche nicht übersichtlich genug. In dem Fall können Sie sich den Überarbeitungsbereich wahlweise unten oder an der Seite anzeigen lassen. Er ist reine Geschmackssache, ich verzichte normalerweise auf ihn.

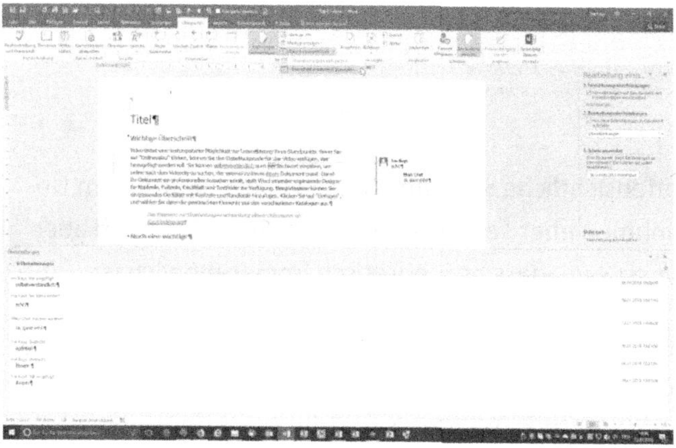

3.2 Hinterher

Für das Hinterher haben wir jetzt wieder zwei Fälle: den, in dem vorgesorgt wurde, dass nicht allzu viel schiefgehen kann, und den, in dem das leider nicht der Fall war. Beginnen wir also mit der angenehmeren ersten Variante. Wir haben also ein Dokument, in dem wie oben beschrieben Inhalte und/oder Formatierungen eingeschränkt wurden. Es muss jetzt nur noch festgestellt werden, welche Änderungen akzeptiert werden und welche nicht. Heben Sie also in der Registerkarte **Überprüfen** den Dokumentschutz auf, damit alle notwendigen Schaltflächen wieder zur Verfügung stehen. Die Schaltfläche **Bearbeitung einschr.** blendet den Arbeitsbereich ein, in dem das Passwort über die

Schaltfläche ganz rechts unten abgefragt wird, erst nach dessen Eingabe ist das Dokument wirklich frei zur Bearbeitung.

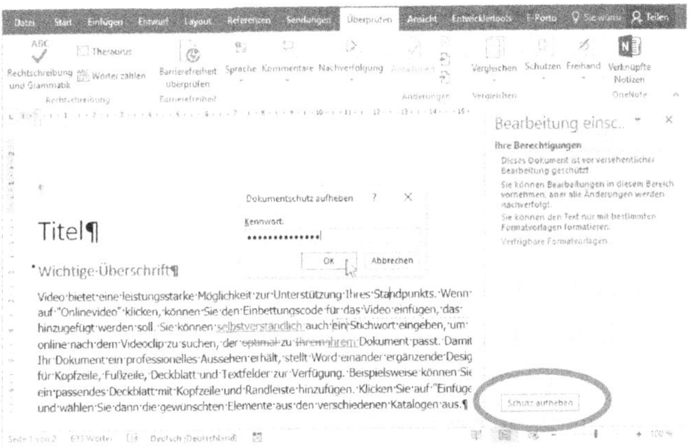

Für die Ansicht oben habe ich das Fenster stark verkleinert, damit alle benötigten Schaltflächen wieder zu sehen sind, werde ich es gleich wieder vergrößern.

Wenn wir also die Änderungen nicht selbst einzeln heraussuchen wollen, hilft ein Klick auf den Anfang des Dokuments und dann auf die Schaltfläche **Weiter** im Bereich Änderungen, um den Cursor vor die erste Bearbeitung zu setzen.

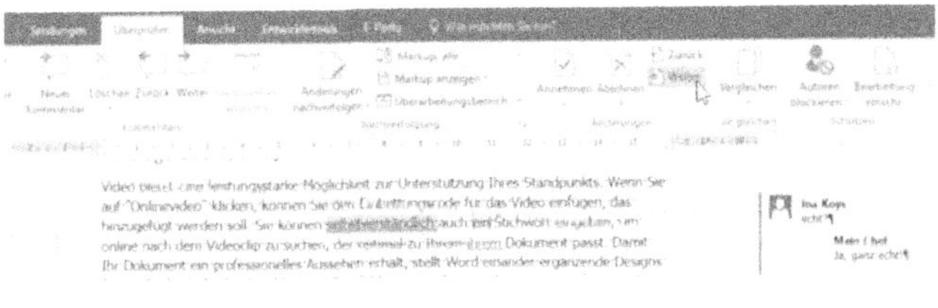

Sie haben dann die Möglichkeit, diese Bearbeitung anzunehmen oder abzulehnen.

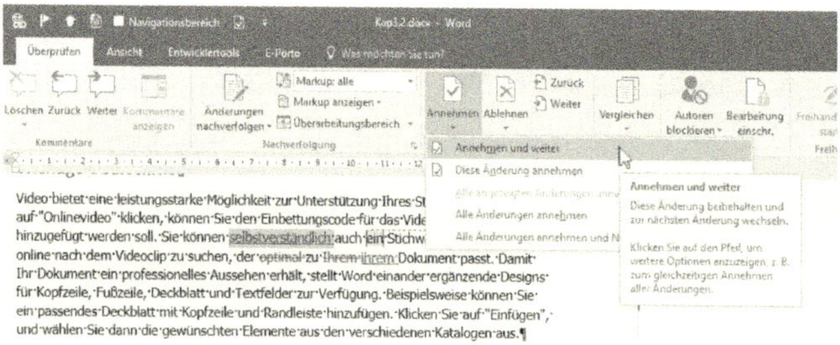

Sie können sich dann einzeln durch die Änderungen hangeln oder aber pauschal alle annehmen oder ablehnen. Eventuelle Kommentare werden danach noch immer enthalten sein, diese müssen getrennt über den Bereich **Kommentare** bearbeitet werden.

Sie haben mit den beschriebenen Verfahren die Möglichkeit, auch in stressigen Situation das Dokument voll im Griff zu behalten. Wenn das leider nicht möglich war, kann man sich aber auch hinterher noch helfen. Dazu müssen Ausgangsdokument und aktuelle Version unter verschiedenen Namen oder an unterschiedlichen Ordnern gespeichert sein. Hier haben wir zwei Exemplare namens Kap3.2Vergleichsdok1.docx und Kap3.2Vergleichsdok2.docx. Ich öffne das Vergleichsdok1 und wähle aus der Registerkarte **Überprüfen** das **Vergleichen**. (Die zuerst angebotene Versionsverfolgung wird meist nicht helfen, da sie nur auf bestimmten Servern funktioniert.)

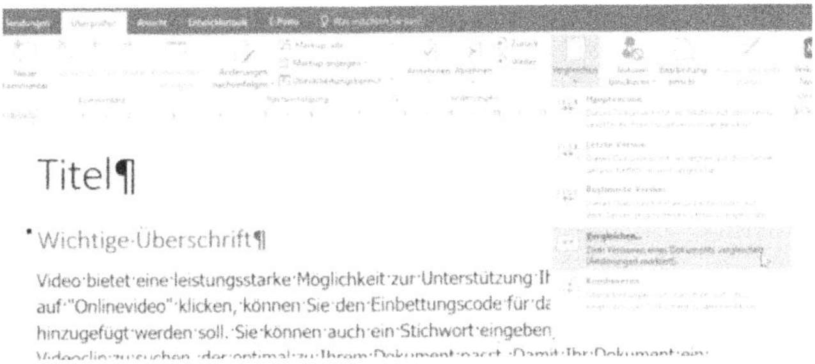

Ich bekomme jetzt ein Dialogfenster, in dem ich die beiden Dateien auswählen kann.

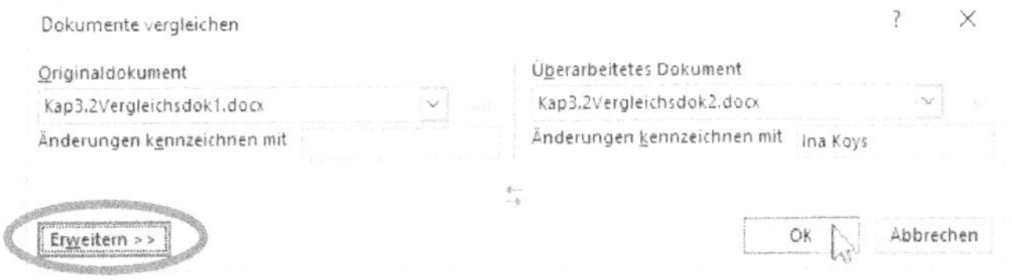

Die Voreinstellungen werden meist passen, bei Bedarf können Sie jedoch über **Erweitern >>** eigene Wünsche hinterlegen. Mit Klick auf **OK** bekommen Sie als Ergebnis drei Dateien und einen Überarbeitungsbereich auf dem Bildschirm dargestellt. Sie werden exakt so gekennzeichnet, als hätten Sie die Nachverfolgung von vornherein eingestellt. Das lässt sich hier aus Platzgründen nur unvollkommen zeigen. Das neue Dokument **Vergleichsergebnis 1** kann ebenso bearbeitet werden wie oben gezeigt, die beiden Dateien aus dem obigen Dialogfenster bleiben dabei unverändert erhalten und können zur Sicherheit aufbewahrt werden.

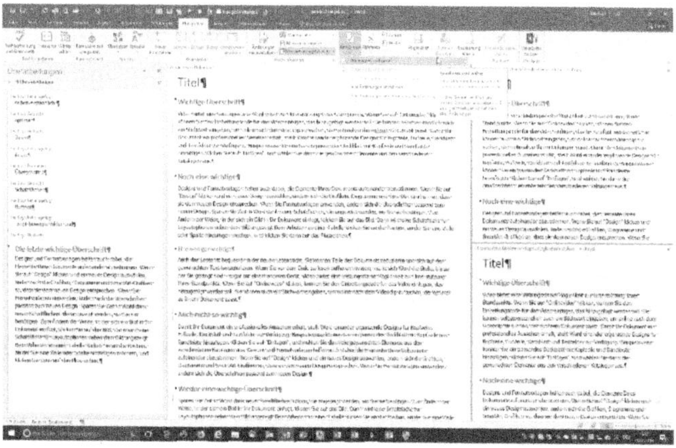

Sehen wir uns zum Abschluss jetzt noch die Variante **Kombinieren** an.

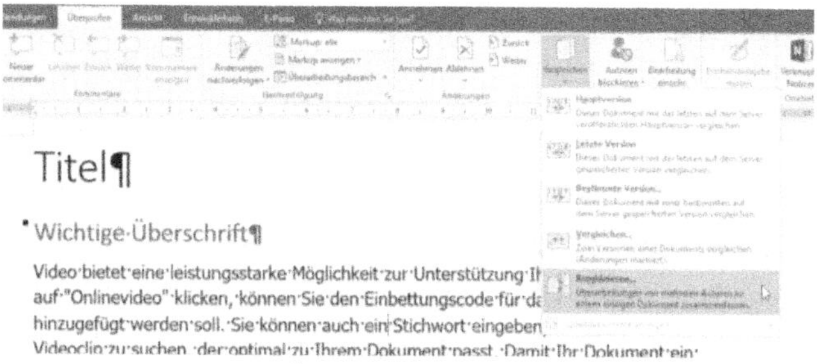

Das sich öffnende Dialogfeld ist dem aus der Variante **Vergleichen** ganz ähnlich. Ich habe es jetzt einmal aufgeklappt und lasse mir die Änderungen jetzt im Originaldokument anzeigen.

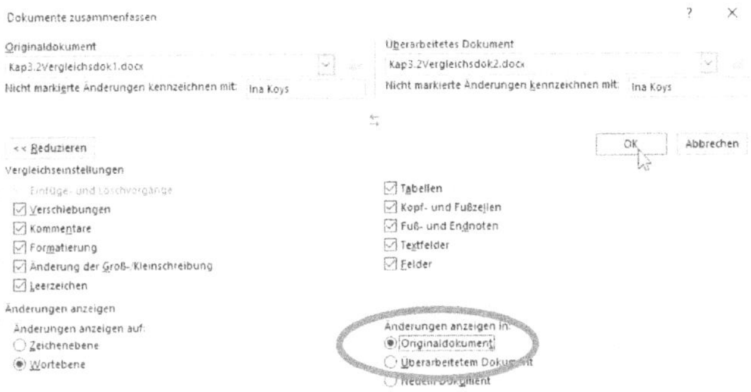

Hierbei kann nur ein Formatierungssatz verwendet werden, ein Dialogfenster lässt mich auswählen, welcher das sein soll.

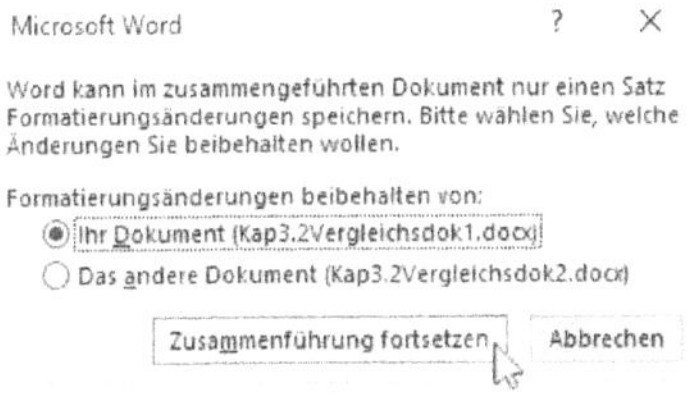

Ich bekomme damit alle Änderungen in mein Dokument übertragen und kann sie dort weiterverarbeiten.

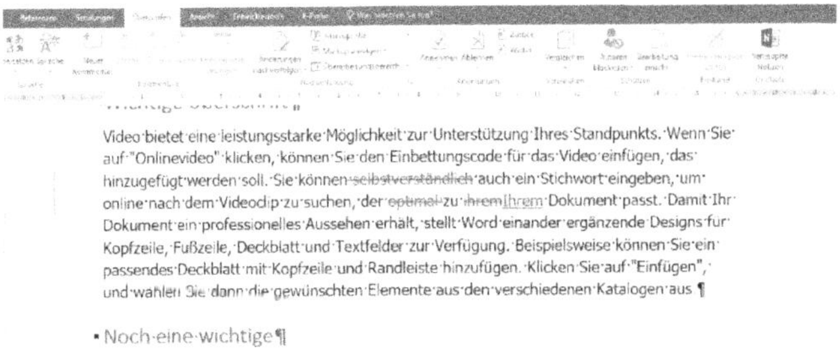

4 Tipps zum Layout

Layoutfragen sind manchmal komplex und können an dieser Stelle sicher nicht bis ins letzte Detail behandelt werden. Es gibt aber einige Themen, die immer wieder auftauchen und hier stichpunktartig behandelt werden sollen. Sie decken sicherlich 90 Prozent aller real vorhandenen Wünsche ab. Für weiteres gibt es Spezialliteratur.

4.1 Textfluss

Häufig sollen in Texten Abbildungen, Diagramme oder Tabellen verwendet werden. Für alle gilt, dass sie standardmäßig nicht so eingefügt werden, wie es die meisten Nutzer gern hätten. Das lässt sich jeweils im Einzelfall ändern oder auch generell, je nach Vorliebe. In den Text Kap4.docx füge ich jetzt als Beispiel ein Bild ein, bei Tabellen und Diagrammen könnte ich exakt gleich verfahren. Bewusst klicke ich irgendwo in die Mitte des Textes, damit der Effekt deutlich wird.

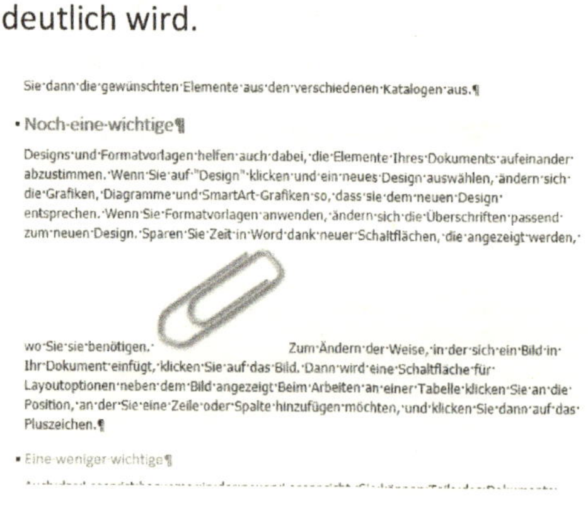
Sie·dann·die·gewünschten·Elemente·aus·den·verschiedenen·Katalogen·aus.¶

• Noch·eine·wichtige¶

Designs·und·Formatvorlagen·helfen·auch·dabei,·die·Elemente·Ihres·Dokuments·aufeinander·abzustimmen.·Wenn·Sie·auf·"Design"·klicken·und·ein·neues·Design·auswählen,·ändern·sich·die·Grafiken,·Diagramme·und·SmartArt-Grafiken·so,·dass·sie·dem·neuen·Design·entsprechen.·Wenn·Sie·Formatvorlagen·anwenden,·ändern·sich·die·Überschriften·passend·zum·neuen·Design.·Sparen·Sie·Zeit·in·Word·dank·neuer·Schaltflächen,·die·angezeigt·werden,·wo·Sie·sie·benötigen.· Zum·Ändern·der·Weise,·in·der·sich·ein·Bild·in·Ihr·Dokument·einfügt,·klicken·Sie·auf·das·Bild.·Dann·wird·eine·Schaltfläche·für·Layoutoptionen·neben·dem·Bild·angezeigt·Beim·Arbeiten·an·einer·Tabelle·klicken·Sie·an·die·Position,·an·der·Sie·eine·Zeile·oder·Spalte·hinzufügen·möchten,·und·klicken·Sie·dann·auf·das·Pluszeichen.¶

• Eine·weniger·wichtige¶

Das Bild wird standardmäßig eingefügt wie ein Buchstabe. Die Zeile wird so weit auseinander gezogen, dass das Bild Platz darin hat. Wenn das so nicht erwünscht ist, bekommt man nach Anklicken der Grafik das passende Werkzeug zur Änderung angeboten.

Ein Klick auf **Quadrat** erzeugt den meist gewünschten rechteckigen Textfluss um die Grafik.

Sie können bei allen unter **Mit Textumbruch** angebotenen Möglichkeiten die Grafik auch beliebig mit der Maus verschieben. In Einzelfällen kann es noch gewünscht sein, den Text einer etwas eigenwilligen Form der Grafik folgen zu lassen, alle weiteren Möglichkeiten sind eher selten verwendet und teilweise etwas trickreich zu handhaben.

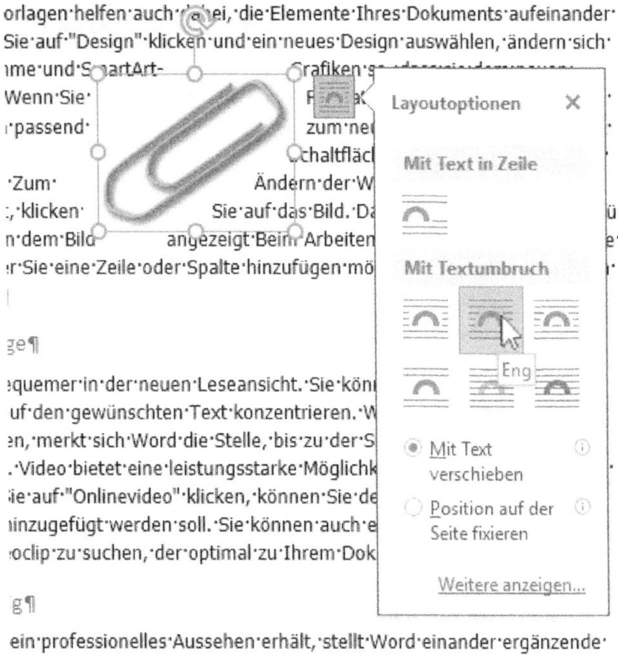

Sofern Sie viele Grafiken einzubinden haben und den Textfluss immer wieder neu ändern müssen, können Sie die gewünschte Standardeinstellung im Backstagebereich vornehmen unter ***Datei / Optionen / Erweitert***.

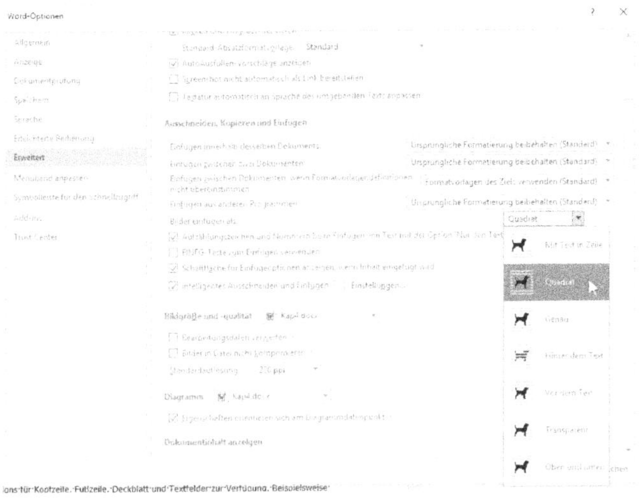

4.2 Tabellen

Wo Tabellen in ein Dokument eingefügt werden, gibt es zwei verschiedene Möglichkeiten, die ihre eigenen Vor- und Nachteile haben. Für die meisten Fälle wird sicherlich eine Word-Tabelle empfehlenswert sein, die sich leicht über die Registerkarte **Einfügen** in das Dokument setzen lässt. Solche Word-Tabellen fügen sich leichter in das allgemeine Layout ein und sind nach dem Druck nicht unbedingt von Excel-Tabellen zu unterscheiden. Ihr bedeutender Vorteil gegenüber eingefügten Exceltabellen ist, dass sie problemlos über mehrere Seiten gehen können. Excel-Objekte sind gegen Word abgekapselt, sie wissen nichts von neuen Seiten und enden einfach spätestens dort, wo die Druckseite zu Ende ist. Wordtabellen können nicht nur über diverse Seiten gehen, sondern auch bei Bedarf Tabellenüberschriften wiederholen. Das allerdings nur unter zwei Bedingungen:

1. Der Textfluss um die Tabelle muss auf **Mit Text in Zeile** gesetzt sein, das ist er immer, so lange noch nicht händisch etwas geändert worden ist.
2. Der Cursor muss sich in der Tabellenüberschrift befinden, damit die fragliche Schaltfläche aktiv gesetzt wird.

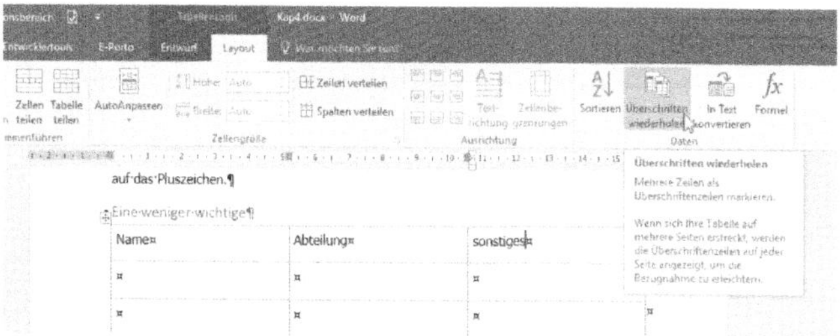

Danach kann die Tabelle beliebig lang werden, die Überschriftenzeile wird überall wiederholt. Sie lässt sich aber auf den Folgeseiten nicht anklicken, das geht nur wirklich am Tabellenanfang, wo sie ja auch tatsächlich steht.

4.3 Abschnitte

Abschnitte sind ein Layouthilfsmittel, um generelle Dokumenteinstellungen an frei wählbaren Stellen zu ändern. Der Klassiker hierzu wäre eine Tabelle oder große Grafik, für die ein sonst normal im Hochformat ausgerichtetes Dokument für einzelne Seiten quer verwendet werden soll.

Dazu füge ich an der Stelle, nach der die Ausrichtung geändert werden soll, einen Abschnittsumbruch auf die neue Seite ein.

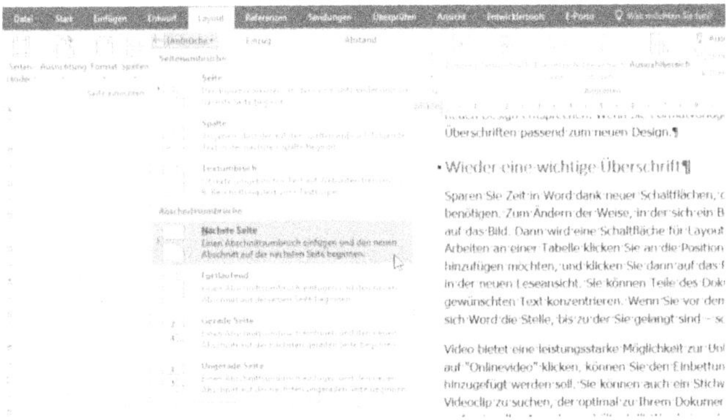

Daraufhin wird eine neue Seite begonnen, die sich zunächst aber nicht weiter von den vorigen unterscheidet. Alle Einstellungen gelten wie bisher getroffen. Wenn Sie mit späteren Seiten zum vorigen Layout zurückkehren wollen, sollten Sie gleich nach ein paar vorerst leeren Absätzen einen weiteren Abschnittsumbruch einfügen. Sonst müssen Sie womöglich später alle alten Einstellungen neu treffen. Jetzt sollte es eine praktisch leere Seite geben und unterschiedlich deutlich sichtbare Abschnittsumbrüche. Sehen Sie sie nicht, schalten Sie die nicht druckbaren Zeichen ein wie anfangs beschrieben. Setzen Sie den Cursor in den leeren Bereich zwischen die beiden Absatzumbrüche.

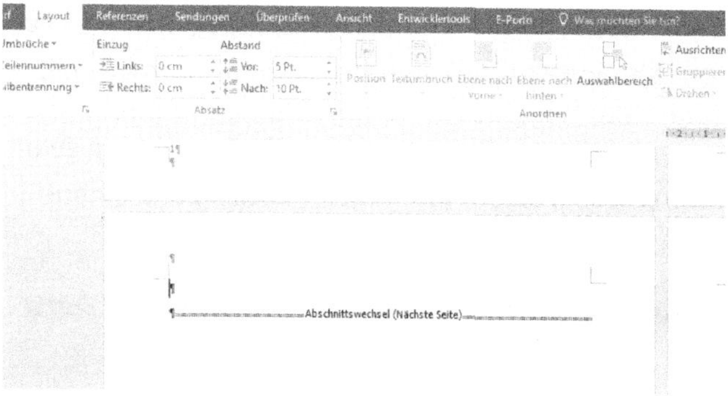

In der Registerkarte **Layout** können Sie diesen gerade aktiven Bereich jetzt quer setzen und dann beliebig mit Inhalt füllen.

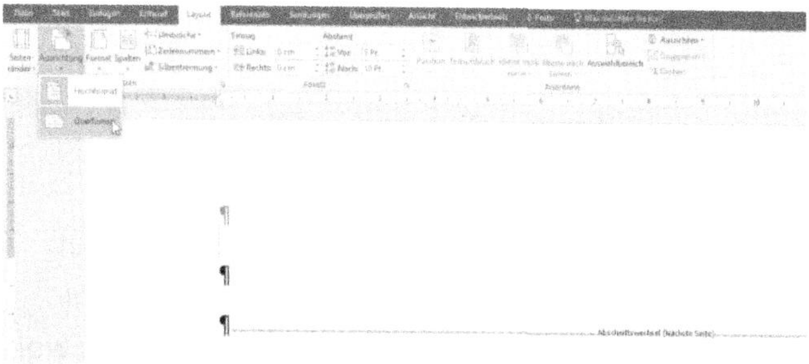

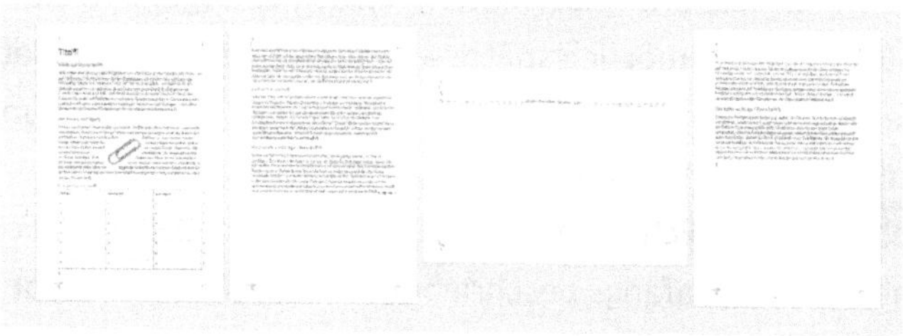

5 Inhaltsverzeichnis

Für längere Dokumente mit Zwischenüberschriften sind Inhaltsverzeichnisse beliebt und nützlich. Und sofern die Überschriften mit entsprechenden Formatvorlagen gekennzeichnet wurden, funktioniert das ganz einfach. Wir haben dazu ein Beispieldokument namens Kap5.docx.

An der vorgesehenen Stelle für das Inhaltsverzeichnis setze ich den Cursor und wähle aus der Registerkarte **Referenzen** das erste automatische Inhaltsverzeichnis.

Ich bekomme an der jeweiligen Stelle mein Inhaltsverzeichnis eingefügt und kann bei gedrückter **STRG**-Taste auch per Mausklick an die entsprechende Stelle springen.

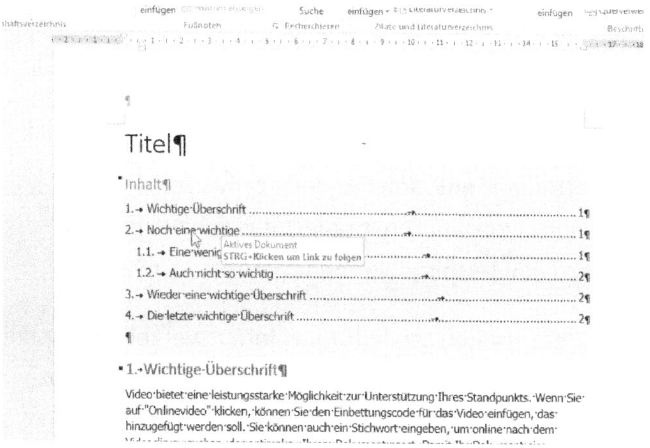

Je nach bisheriger Verfahrensweise kann es vorkommen, dass Ihr Inhaltsverzeichnis mit nummeriert wird. Wollen Sie das nicht, weisen Sie ihr entweder neu die Formatvorlage **Inhaltsverzeichnisüberschrift** zu oder entfernen Sie die Nummerierung über das Menüband.

Beachten Sie, dass das Inhaltsverzeichnis kein fest hineingeschriebener Inhalt des Dokuments ist, sondern ein Feld. Dieses Feld wird nicht automatisch aktualisiert, sondern immer nur auf Wunsch des Nutzers. Wenn Sie also Inhalte geändert oder neu formatiert haben, sollten Sie vor dem Drucken oder elektronischen Weitergeben auf jeden Fall das Inhaltsverzeichnis aktualisieren. Auch bei trickreichen Formatierungen kann es sein, dass sich vielleicht durch nicht druckbare Zeichen vielleicht einmal die Anzeige leicht verschiebt. Auch in diesen Fällen klicken Sie das Inhaltsverzeichnis mit der **rechten** Maustaste an und wählen aus dem Kontextmenü **Felder aktualisieren**.

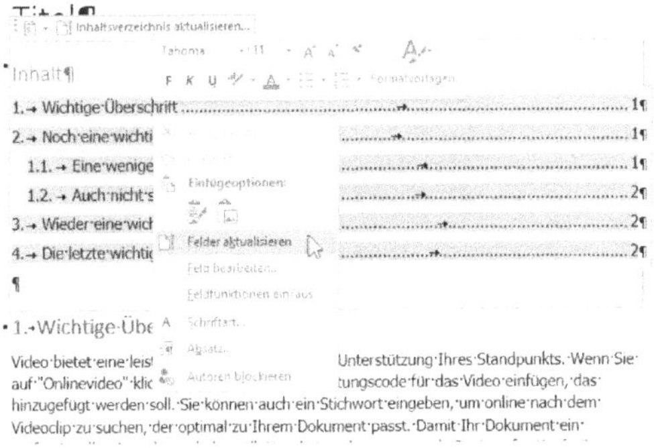

Danach wird meist gefragt, ob nur die Seitenzahlen oder das gesamte Verzeichnis aktualisiert werden soll. Wählen Sie zur Sicherheit das gesamte Verzeichnis.

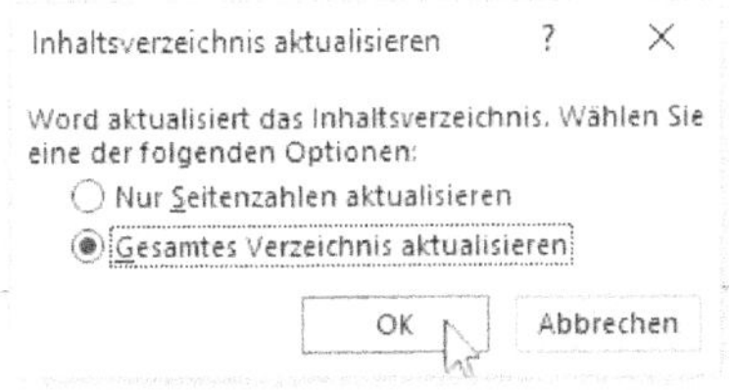

Gelegentlich kann es jetzt vorkommen, dass noch Details des Inhaltsverzeichnisses angepasst werden müssen. Vielleicht sollen andere Überschriftenebenen dort erscheinen oder die Formatierung geändert. Wählen Sie dazu ein benutzerdefiniertes Verzeichnis, das dann das bisherige auf Nachfrage ersetzen wird.

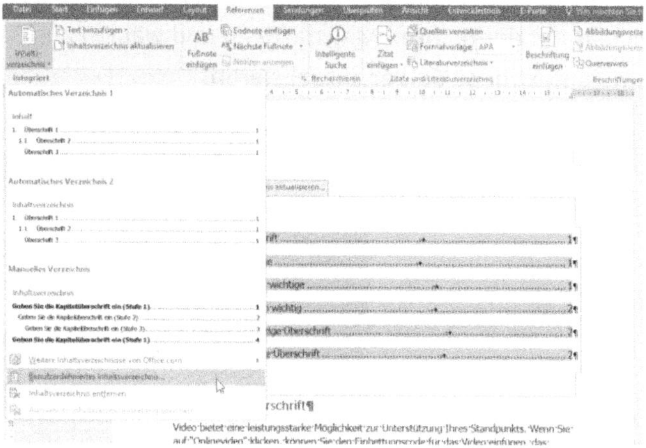

Hier erhalten Sie ein Fenster, in dem alle relevanten Einstellungen angeboten werden. Sie können hier z.B. die Art der Füllzeichen zwischen Text und Seitenzahl wählen und sehen auch, dass im Normalfall 3 Überschriftenebenen (also bis 1.1.1) angezeigt werden.

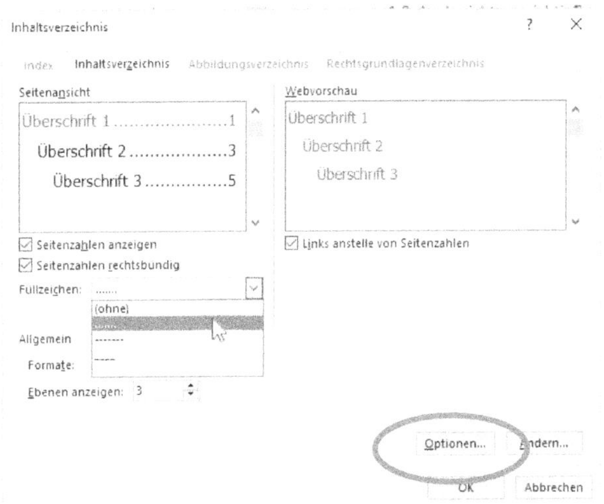

Wollen Sie mehr oder weniger Überschriftenebenen anzeigen, wählen Sie diese unter **Optionen** aus. Auch weitere Elemente können dort eingebunden werden.

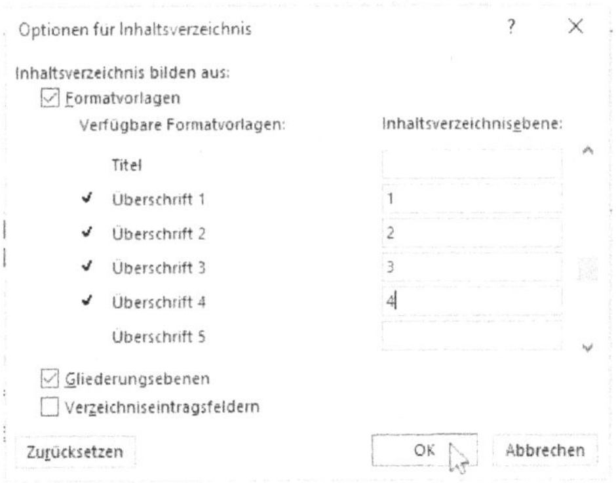

Nach zweimaligem Klick auf **OK** wird Ihr Dokument ab sofort mit 4 Überschriftenebenen angezeigt.

6 Weiterführendes

In der Reihe „kurz & knackig" sind bisher erschienen:

Bd. 1: Eingaben steuern und nachverfolgen

Bd. 2: Arbeit für Doofe sparen

Bd. 3: Sofortiger Überblick

Bd. 4: Outlook als persönliche Assistentin (Outlook 2010, 2013 und 2016)

Bd. 5: Bewegung!

Bd. 6: Die Nadel im Heuhaufen

Bd. 7: Datenmassen bändigen

Bd. 8: Mailings erstellen und selbst frankieren

Bd. 9: Das digitale Notizbuch

Bd. 10: Teamarbeit

Bd. 11: Office 365 – Was gibt's Neues?

Bd. 12: Office 2019 – Was gibt's Neues?

Bd. 13: Outlook 2019 als persönliche Assistentin

... diese und alle neuen jeweils unter

www.kurzundknackig.online und KurzUndKnackig

Sowie weiterhin von Ina Koys:

Powerpoint 2013 mit Unternehmensvorgaben
Powerpoint 2016 mit Unternehmensvorgaben

Made in the USA
Coppell, TX
04 November 2026

11278084R00042